SV

Sonderdruck
edition suhrkamp

Tosende Palmen, ein Rascheln im Sellerie, ein Tiger trinkt, in der Ferne detoniert eine Atombombe, das Bewusstsein beginnt, rückwärts zu laufen. Es gehört einer nicht mehr ganz jungen Fernsehmoderatorin, die aufgrund wiederholten Fehlverhaltens auf eine einsame Insel verbannt wurde, ausgestattet mit Messer, Schleifstein und *Meyers Konversations-Lexikon*.
Doch sie ist nicht allein. Hier sind schon fünfundzwanzig Matrosen, die in den Jahren seit ihrem Schiffbruch eine beachtliche kleine Parallelgesellschaft aufgebaut haben. Ursprünglich Quäker, hängen sie jetzt der selbsterfundenen Schraubenreligion an und unterhalten in arbeitsamer Kulturleistung drei Pressen von kontinuierlich steigender Druckqualität. Was wird nun angesichts der ersten Frau passieren – und was, wenn mehr kommen?
In 403 Pseudo-Spenser-Strophen schildert Ann Cotten die Turbulenzen nach einer weiblichen Flüchtlingswelle aus dem Internet. Die verschuldeten Frauen werden unwillentlich zum Katalysator einer schon lange schwelenden Konterrevolution. Mithilfe von Reimen, Anspielungen, synästhetischen Tricks und anderen Arten von Anschaulichkeit wird dieser luzide Alptraum auch in Ihr Bewusstsein gehämmert.

Ann Cotten wurde 1982 in Iowa geboren und wuchs in Wien auf. Bei Suhrkamp erschienen von ihr bislang *Fremdwörterbuchsonette* (2007), *Florida-Räume* (2011) und *Der schaudernde Fächer* (2013). Ihre literarische Arbeit wird nicht nur in der Literaturszene, sondern auch in den Bereichen der bildenden Kunst und der Theorie geschätzt und wurde zuletzt mit dem Ernst-Bloch-Förderpreis ausgezeichnet. Sie lebt vorläufig in Wien und Berlin.

Ann Cotten

Verbannt!

Versepos

Suhrkamp

Mit Illustrationen von Ann Cotten

Erste Auflage 2016
Originalausgabe

edition suhrkamp

Druck: Druckhaus Nomos, Sinzheim
Umschlag gestaltet nach einem Konzept
von Willy Fleckhaus: Rolf Staudt
Printed in Germany
ISBN 978-3-518-07143-4

Verbannt!

EINLEITUNG

Sie sind nun blasser, weniger verständlich,
        die Schemen, da man sie in Armen hat.
Ich wendete das Leben hin und her verschwenderisch,
        jetzt macht es mich mit seinen Karmen matt.
Verzweifelt nag ich an der miederwarmen Naht,
die mit der Welt mein Herz so fest verbindet
und mir notwendiglich die Haut durchlöchert hat.
Welt kühlt beständig mich, Herz pumpt unbändig,
die Sprache meiner Grenze macht mich lächerlich: erkenntlich.

Und wie verwirrend ist des Schwärmens Saat!
Wie schlittert durch die Zeit die Denotation, kommt sie in Fahrt.
Ein Pfaffenkäppchen schon vom Sommer kündet,
wenn die Novembernebel erst entstehen,
in lauen Donaufluten seh ich Eise gehen,
im Kuckucksruf höre ich Schnitter mähen,
        und jeden Sommer wittre ich die tiefen Horrore,
wies schon im alten Namen eines Flusses nimmt
        die Luft, wenn ich in Glimmerschlamm die Füße bohre,
um in den greisen Strudeln – wer da länger schwimmt,
vergisst sich selbst und wie man sich benimmt.

Verwirrt von alten Schirrungen also, die Brust der Mädchen
für Schwellung vorbereitend – für zwei kleine Schädchen,
        von oben anzusehn wie Kuppelgräber,
in denen Hoffnungen liegen wie zwei heilige Rüstungen –,
        zusammen mit den einwohnenden Geistern von mir selber
will ich rostfrei polieren mit Information die Utopien,
vermischen Jetzt, Noch, Nicht zu elbischern Legierungen.
Durch Interflechtung von Latein und Deutsch vertusche
ich die Probleme der Philosophie, ihre verrutschende ...
man nennt es Kräuselarbeit. Lauter üble kleine Putsche.

Dass auch die flachen Böden süße Möhren bergen,
ist allen Möhrenfreunden wohlbekannt.
Dennoch kanns sein, dass meine Strophen stören werden
den wohlgeeichten literarischen Verstand.
»Die Cotten steckt den Kopf jetzt in den Sand«,
hör ich schon Rezensenten ihre Federn reinigen
und, an ihren Prinzipien hängend, zornbebend bescheinigen
der »immer schon verwirrten« Lyrikerin den Garaus,
den Revue-Stil assoziierend mit dem Vogel Strauß.

Und in der Tat, warum sollte jemand das lesen?
Die Handlung – nach Inger Christensen – gibt es,
doch nur als Untergrund für dieses Reimewesen,
das die Handlung begleitet wie ein Striptease.
Und über weite dunkle Stellen wippt es,
unsicher, nur so rum und wartet auf den Plot,
der aber, wie im Lehnstuhl ein alter Lokalgott,
sich ziert, weil er noch ein bisschen mehr Striptease sehen
möchte, immer noch hoffend, dass die Hemmungen vergehen.

Ach Gott, schon wieder der Vergleich Dichtung und Sex!
Ja gut, aber welches Hobby vergleicht man nicht mit Sex?
Eines vielleicht, das man nicht mit fünf Jahren oder sechs
begann, Paragleiten vielleicht? Vergleicht man schon mit Sex.
Stricken? Blockflöte spielen? Übungen für Sex.
Verfeinerte Spaßarten betonen ja die Verzögerung von Sex,
manche bieten auch Ziele, die einen vorläufig hindern am Sex,
zum Beispiel Radsport, sagt man, oder Vaginalballett,
jedoch, da Dichtung wiederaufzunehmen ist, ja sogar wächst,

wenn man sie für ne Partie Whist im Bett mal unterbricht,
auch wenn sie nachher mithin andersrum gestriegelt
ist, seh ich nichts, was prinzipiell dagegenspricht,
Dichtung als etwas handzuhaben, was Sex spiegelt,
zu Sex ermuntert, zu Gewagterem aufwiegelt
ganz im Hegel'schen Sinn als *sèche étude de vie.*
Nicht, jedenfalls, als Abschaum einer – ja, Akademie:
Abschaum, der etwas gegen Wissenschaft zu haben
sich einbildet; vorzieht, unsystematisch rumzuschaben

am Firnis der Welt, und sich mit einem Pathos zu kleiden,
das einer Ranzschicht täuschend ähnlich sieht,
und sich am menschheitlichen Einklange zu weiden,
an Allgemeinplätzen, wo alles niet-
und nagelfest ist, wie man sagt, gediegen.
Du musst dich, heißt es oft, ja doch letztlich entscheiden,
wenn auch viele die Entscheidung verweigern,
ob du ein Versmaß nutzt, dann bist du altmodisch,
oder ob knallst du wilden freien Vers am Tisch.

Solch halbseidenes Poltern will ich diesmal unterlassen.
Die Byronstrophe ist kein Spidermankostüm,
und wenn sies wäre, gälte es dennoch, die Tassen
nicht umzuhauen. Wenn du sagst »Vavüüm!«
und durch den Kritikerempfang hechtest wie ein Parfüm,
wirst ja nur du verstehn, wie ernst du alles meinst.
Ich weiß. Ich weiß auch, wie du in den Ecken weinst,
gedeckt vom Reim. Nehmt schnell diese Entschuldigung,
denn mittlerweile ist die Zeit für Einleitung fast um.

Es bleibt noch, von neun Musen eines nur zu wollen,
respektvoll, aber kumpelhaft, wie sie es mögen.
Nicht schmusen, bis sie mit den Augen rollen!
Ein Zwinkern tuts, und spät nachts erst, mit Ölen
aus Zypern, Sandelholz aus Myrrhe, Trockenwurst aus Polen,
an ihrer Zimmertür gehört es sich dann aufzutauchen,
um von ihrem Cousin vom Land das gute Gras zu rauchen
und anzuhören all ihre Erinnerungen
und diese ausführlich gemeinsam zu besingen.

Ich brauche jede einzelne der Musen,
vermute ich, doch weiß ichs nicht genau:
Komplex sind sie, konkret, so viele Lampedusen,
an denen Träume enden, giftig werden wie Medusen.
Ihr Anblick, schrecklich bunt, macht Dichtern flau.
»Hier muss man durchhalten.« »Und lächeln«, sagen Clio
und Euterpe. »Sing leise leidend nur ›Mondo, addio‹!«,
rät Polyhymnia, die andauernd errötende.
Thalia rät zu Anmut: »Auch eine zu tötende

Zeit ist Zeit. Spiel mit ihr. Du bist nur Spiel.«
Melpomene sagt nichts und füllt das Spiel mit tiefer,
beseelter Trauer, indem sie mich ansieht.
»Du weißt, es geht schief; besser ist es noch schiefer«,
prescht Erato ins Kamasutra, überdicker Federkiel,
gepeitscht ins Tempo von dämonischen Seelenverwicklungsknoten.
Terpsichore haut auf den Tisch: »Hör auf mit deinen Zoten!
Schau auf den Volksmund. Zivilisier dich und mach dich singbar.
In Maßen halte dich.« »Schaut her, ich habe das *I Ging* da«,

sagt die Urania und legt das Buch mir hin
so ruhig, dass das Lesen mich für einmal lockt:
besonnte See, auf der ich gleichmütig und schier bin
wie reicher Stoff, der fein gewebt, und es scheint rechtens, dass ich hier bin,
dass mir vor Glück die Seele in den Adern stockt.
Da hör ich aus dem Bad die Stimme von Kalliope,
skizzierend warm und witzig irgendeine Trope,
und weiß plötzlich, mit welcher ich mich hier verlobe.
Wie alte Wasserleitungen geht sie weiter und immer fort,
durch Meere und durch Wüsten;
vor mir geht sie, immer sie, mit ihrem so vagen, urköstlichen Hüftschwung.

Ich geh ins Bad und komme lang nicht raus,
und als wir rauskommen, ist die Party schon aus.
Umschlungen liegen alle acht und schlafen,
und von der Wurst flieht, hastig kauend, eine Maus,
und Kakerlaken knabbern am Frischkäsemuffin.
Ich halte in der Hand Kalliopes noch wärmere,
während ich dunstumnebelt für die Vielfalt schwärme,
bis mir Kalliope mit ihrem Mund den Mund besiegelt,
mich in die Stiefel, aus dem Zimmer schiebt: Wir stören
nicht länger diesen Wald, der uns atmet. Wir hören,
wie im Halbschlaf Urania die Zimmertür verriegelt.

O Musen, schlaft! Schlaft weiter, schlaft, schlaft lange!
Denn euren Atem brauch ich, wie er ruhig geht.
O Musen, helft durchs Sein mir, schlafend, träumend! Mir ist bange!
Mich ängstigt, was ihr mit der größten Ruhe seht,
was deutlich allerorten an den Feuermauern steht.
Wies mit der Welt steht, les ich, aber kann es nicht ertragen,
nicht wissend, *что делать?* Doch eure Namen sind bekannt,
in der Welt-Kuh jede von euch ein Magen,
macht Milch und Fladen aus dem Gras ihr, unterscheidend, insgesamt.

Neulich geh ich an dunklen Öffnungen vorbei,
aus denen dumpf ein Kettenrasseln tönt.
Ahne gefleckte schwere Köpfe, drei und drei und drei,
mit schicksalsschwerem Muhen. »Sesshaftigkeit: Sklaverei!«,
ruf ich, wenn Kalliope mich nicht hört. Sie föhnt
ihr Puppenantlitz für die Welt, um zu gefallen,
denn im Gefallen ist alle Arbeit hineingebrannt.
Wenn man schwelende Kriege überdauern will, sind wallen-
de Locken hilfreich, da beweglich. Sie gefallen allen.
Diese Seite der Welt kannte Voltaire, vergaß hingegen Kant.

Fön und Emphase helfen, sich ertragen, locken kess an
die Musen, die sich, wie Elstern, immer interessieren
für alles. Speicheln alles ein und eignen sich es an
und sind fähig, es sogar mir einzumassieren,
indem sie alles auf sich beziehen, dann zieren
sich, wenn ich längst schon ganz in sie verwickelt bin.
Da sie selber die Welt sind, machen, lieben, kennen,
krieg ich mich nicht mehr los, während ein wüstes Delta in
mich fingert, fließt, empathisch: Erosion durch Nennen.

Und so begann, mit Schönheit und Erklärung
befasst, ich mich erklecklich zu begeistern.
Und meine Art wurde zu einer Art von Währung
im Neuen Fernsehen. Die immer feisteren
Idioten vom Alten Fernsehen konnten es sich leisten,
sich ablösen zu lassen von einem ganz neuen Trend
2020, gingen pleite und in Frührente,
was Steuern sparte. Für sie wars das Ende,
wir machten ohne Geld das Neue Fernsehen, es rennt.

Man brauchte seit dem Netz ja einen neuen Ansatz,
nur fiel der lange keinem Erfolgreichen ein,
weil sie ihren Erfolg noch obsoleten Mitteln, Bleisatz
des Fernsehns quasi, dankten. »Nun geh rein
und putz den Boden zu den Arbeitszeiten,
so fällst du auf«, hab ich gedacht, tatsächlich waren sie verwirrt.
Und als ich das Maskottchen wurde, bin ich explodiert,
getimed natürlich: Während sie flogen, stellte ich meine Leute
ein, und was wir machten, das läuft bis heute.

Doch werden wir ja älter, effizient, vergesslich,
vergesslich, effizient: Das hängt zusammen, überall.
Früher fanden wir immer alles grässlich,
außer die Schönheit; sie war Zufall.
Seit wir sie selbst herstellen, hat sie einen dummeren Hall.
Und da wir sehen, dass auch Blödsinn schwierig ist,
bringen wir Leistung und halten zusammen. Das ist schlecht.
Wir wissen ja, wer leichtsinnig, wer feig, wer gierig ist,
sagen es und vergessen es. So vergeht Nacht um Nacht.

Es wäre aber nicht ganz ehrlich, zu behaupten,
dass jenes Abenteuer, das ich gleich erzählen will,
nur stattfand, weil Gedanken mir die Sinne raubten.
Ich ging nicht freiwillig auf diese Insel,
auch wenn die, die mich auslieferten, das beinahe selber glaubten,
weil ich mich so stolz hielt. Ich werde hier genau berichten,
wie mich das Sein allein in die Konflikte trieb, die mich vernichteten,
weil Raum und Zeit und Ausdruck Quantitäten haben,
das Denken nicht. Denken aber kann einen nicht einmal begraben.

Vermitteln zwischen Sein und Denken kann sehr gut das Wort,
braucht aber unbegrenzt Zeit, Raum, Zuneigung, sonst steht da nur Schrott.
        Es muss auch selbstverständlich alles stimmen.
Denn Unzutreffendes wird durch den Ort verzerrt,
        an dem sich das Geschriebene befindet.
Nur wenn es richtig ist, duftet es in das Hirn hinauf,
Erinnerung an Sinn nimmt flüssig seinen Lauf.
Drum braucht die Leserin sich nicht mit Zweifeln plagen,
ich schwöre ihr: Ich werde alles richtig sagen.

Alles zu sagen, klingt zu Recht wie eine Drohung.
        Fermentierts doch ständig im wachen Geist.
Es sucht die Ordnung, der es einst entsprang (quasi Entsorgung
aus Freude), jetzt in Trauer, ätzhaft und verroht nun,
        das alles. Ja: Ich weiß nicht mehr, wies heißt,
das alles halt, Weltgeist, Atomphysik, nein, halt, ich weiß es
gleich, wenn die Muse es mir kurz nur an die Wange
hält? Ja und ja! Ich seh es, und ich beiß es! Kneiß es!
's bleibt unbewiesen, aber man hört es ja dann im Sange.

Dem allen zuliebe wird der folgende Sang recht lang.
        Und wie es sich für einen Stripteaser gehört,
zieh ich mir für den Anfang recht viele Klamotten an,
        die meine Seele im Laufe der Handlungen verlieren wird,
        während sie sich auf allerlei reizende Weisen drin verirrt.
Hören Sie also die entsetzliche Ballade
vom sibirischen Unglück eines ganz modernen,
delirösen, inadäquaten Herrn Marquis de Sade
in Fraungestalt. Und man kann außerdem viel lernen.

I

Verbannt! Dies Schicksal klang mir mit dem großen Klang
		von langen Nachmittagen, Kiwis, Krokodilen
im Glanz verquerer Sterne; wie ein Bumerang
		(wir schweigen noch von andren Projektilen;
		wir schreiben in zu ungewohnten Stilen
und sind beruhigter, kehrt nichts zurück,
kein Ex-Verbündeter mit unsren Pfeilen im Genick,
die Zweige knickend, auf uns zu sich schleift)
kommt still zurück es, eh man es begreift.

So geht es mit den meisten Kinderträumen.
		Ist doch die Welt viel größer, als man denkt,
und dennoch ist man bald schon in den Räumen,
		die Flittermärchen an den Horizont gehängt
		haben. Sie sind hässlich. Man hat alles verschenkt,
als man gesunden Ehrgeiz dran verschwendete;
den Horizont nur kurz als Antriebskraft verwendete.
Jetzt bin ich innerlich groß wie Napoleon und binde
alles an mich, sobald ich es nur albern finde.

Und so verklebt Erwachsensein die ganze Welt.
		Die Studios sind voll mit jungem Rind,
		sich an mich schmiegend, aufblickend wie Kind
(ob sie ganz ehrlich sind, sei mal dahingestellt),
		und alles nur, um mir die Seele rauszufind-
en, die ich, wenn sie schauen, nur als vagen Bammel spüre.
An ihrer Stelle sammelte ich einen Haufen Wissen an,
weil man sie mit faktischen Hinweisen loswerden kann,
während ich mich und sie als besoffener Hammel führe.

Ich hatte einiges bereits mit Kindern ja zu tun,
da waren sie so sehr wie ich verstört.
Sie sahen meine Blicke immer auf sich ruhn:
zu transparent, berauscht, voller Ängste, Bewunderung
und Kitzel. Ich wiederum sah, wie ihnen unerhört
das meiste ist. Weil ich das liebe und selbst keine Kästchen
verwende, um die Wahrheit zu züchtigen unter Esstischen,
sondern die Hände frei, dass alle sehen können, spielen,
was niemand spielen darf, ohne die Unschuld zu verlieren:

Mit Messern, Gabeln, Scheren spiele ich ja nicht
richtig, sondern ich sehe vielmehr, wie sie sind.
Sie glänzen, liegen schwer in Fingern, liegen dicht
aneinander, und was sie können, sieht man nicht.
Selbst Werkzeuge, ebensosehr für ihre Zwecke blind,
sind Kinder auch, sie reden, schauen, lachen, sehen ein,
bauen, was du zu ihnen sagst, in ihre Welten ein.
Wenn sie so saugfähig und artig sind, könnte ich schreien
vor Paranoia – jede Gruppe hat mindestens eine,

die mich verachtet, während ich mich für die andern schminke
mit netten Übungen, die immer funktionieren,
und Scherzen, die die lauten Lacher verlässlich goutieren.
Wenn ich dabei der dunklen Seele in der Ecke zuzwinkere,
zwinkert sie nicht zurück. Das kann mich sehr pikieren.
Und dann beginne ich, mit ihr in Codes zu reden,
und zwinge sie, innerlich ihre Ahnung zuzugeben,
dass ich ein Mensch wie sie war und mich bloß veränderte,
als ich einsah, dass mich das Sein am Dasein hinderte.

Was ist die Seele denn als diese Wahrnehmung
der Wahrheit des Wahren, wohl: des Moments
der Wahrnehmung, und dass es der Erwähnung
nicht mal bedarf, erst bei Eintritt der Lähmung
des Willens durch Zweckratio-Demenz,
sprich: Sprache. Man sagt ja, dass Sprache korrumpiert,
Korruption ist aber die Wärme davon, dass sich ziert
der Mitmensch, aber wollen will, was alle wollen,
nur nicht sofort. Warum? Weil wir ihn anerkennen sollen.

Widerstand, ja: In Frage stehn und dann bestätigt werden,
nach dem Vertrag des kollektiven Wörterbuchs
manipuliert, um damit sich und auch den anderen
zu fixieren, damit nicht mehr die Blicke wandern,
gefährlich, ausgeliefert, billig und, verfluchs,
noch immer da, wenn, gebunden durch Ironie,
die Sicherheiten halten sich in ihren Grenzen
und funktionieren, bis die jungen Leut enhancen
die Wirklichkeit mit einem grünen Iro. Nie

wird ganz feststehen, was sie damit meinen.
Es gilt, was sie vorerst damit zu meinen scheinen,
geleitet sie sofort ins Sprachgesetz hinein.
»Grün seid ihr?« »Grün, ja.« »Nehmt doch eine kleine
Bestechung, teure Provokante; hier, und kein
Wort mehr: Schnappt euch die Leinen. Soll keiner dann sagen,
dass wir der wilden Jugend irgendeine Chance vermasseln,
sich zu versklaven, lebenslang an einer Pension zu basteln.
Wir wollen Fernsehen mit immer neuen Ärschen wagen.«

So endet Jugend – ich mag lieber den Beginn,
verlor mich auch schon oft in Gegenden mit Blagen;
die Augenblicke, die sie mir verklärten, hatten Sinn,
auch wenn mich ihre Eltern jetzt verklagen.
Ich bin der Stock, in den sie Eisen schlagen.
Sehe sie an, sodass sie sich verstanden wissen
als Unverstandene; und nachts immer Unruhekissen;
gut also, dass ich weg bin, damit alle ungestört
die Fiktionen machen können, nachahmlich, erhört.

Ich gebe zu, es war nicht richtig, nein, es ging zu weit.
Doch nicht ich habe es ins Arge hochgetrieben.
Ich steh im Raum als feingeputzte Obrigkeit
und muss zeigen, dass es geht, dass Feinfühligkeit
auch lebbar ist, ohne sich zu entleiben.
Es ist aber der Kompromiss nichts andres als ein Hin und Her,
wie es das Mädchen pflegte, das mir lag im Haar
so viel mit seinen Blicken, das sich rächte, allzusehr
begehrend, dann mich strafend. Kaum nahm ich sie wahr,

lockte sie – ob sie es wohl selber wusste? –
mich, bis ich es ganz auf den Grund erfahren musste,
was sie meinte, was diese Sache mit den Blicken war.
Sie war vierzehn, Tochter einer Kollegin, und ich küsste
sie auf die Stirne, seit sie noch ein Kücken war.
Sie zog mich jetzt in Ecken, um mir was zu sagen,
sagte dann nichts und schlug die Augen nieder.
Ich: »Lass uns gehn«, sie: »Wart noch!«, und dann tat sies wieder:
Ein Kuss nur, doch der Rest vom Tag war von dem irren Ding verhangen.

Ich sah sie an, erbleichend, und es liegt mir fern
zu leugnen, dass sie mein unschweres Blut erweckte.
Sie wollte nur wissen, wie sehr sie mich erschreckte.
Sie geisterte mir rum, ich konnte mich nicht wehren,
nun sah auch ich sie an, bis sie mir Zungen rausstreckte,
böse. Jetzt war ich plötzlich ein Problem für sie. Ich mied
die Blicke, sah aber, wenn sie wegsah, schnell hin. Das sagte sie der Mutter.
Für die sah es aus wie gefundenes Karrierefutter:
zwei Hinweise, ein Skandal, DNA-Spuren, ein Tweet –

so stellte sie sich das vor, verkennend komplett
die Wirklichkeit, so ist sie aber immer.
Nachrichtensprecherin, gewissenhaft, adrett,
unausgefüllt, doch ihre Anmut macht es wieder wett,
immer ein bisschen eleganter, besser, dünner
als andere, und wenn ein schlimmer Sommer kam
mit Schlachten, Giftgasattacken, Fluten, staatlichem Großbetrug,
führte sie uns hindurch, so weltgewandt und so verrucht
wie die Welt eben, und im Zweifelsfall bloß arbeitsam.

Ich mochte sie und kam nie wirklich an sie ran.
Wir grüßten, lachten, nahmen uns Pudding vom Band.
Umso spannender war es, als dann ihre Tochter kam;
ich mit der Tochter plötzlich in der hellen Wohnung stand,
das Bücherregal anstarrte, die vielen Zettel fand,
in ihrer Schrift wie krampftanzende Ameisen die Fakten,
wie Hülsen, die sie ausgesaugt am Blatt liegen gelassen,
und in der Küche die Zitronen. Hundert Post-its ragten
aus meterhohen Stapeln von Kopien unter dreckigen Untertassen.

Ich starrte, Lena störte das, denn ihr war fad.
Wir waren beide unendlich verlegen.
Da zeigte sie mir das alte eiernde Hometrainerrad
im Glitzergestell, und das mussten wir bereden,
und plötzlich ist es durch uns durch geschehen:
Lena um mich, ihr Sein in meinem Mund, weich-hart
umwerbend, fliehend, bis ich finde, lehnend ihre Art
mich an die Wand, ich sie mit Armen von mir ab,
betrachtend, bis sie wild wird und es nun schier klappt

zusammen uns, sie zieht mich in ihr Zimmer,
ich halte inne, sehe mich dort um,
sie mir gefährlich stier, die Hand am Dimmer,
nicht wissend, was, wenn nichts geschieht, wir tun
könnten, machen wir weiter, dumm
vor Lust, was ist dabei, was wir zwei machen könnten,
was könnten wir, was nicht ein jeder darf, und immer
wenn eine zweifelt, wird die andere kühner,
die Differenz der Häute lässt eine von uns erröten,

sie ist wohl der benennbarste von allen Reizen
und wohl, was blieb, nebst Pech und Schwefel.
Diente das Seltsame zunächst, uns anzuheizen,
hat es sie, als ich weg war, angefüllt mit Zweifeln.
Sie floh zur Mutter, und die war für einmal *careful.*
Harmonische Einmütigkeit durch ihre Ruhe klaffte,
unerhört traut Mutter und Tochter plötzlich. Ihr Kongress
beschloss, dass man am besten einfach mich gezielt beiseiteschaffte.
Ich wollte nicht verschwinden. So kam es zum Schiedsgerichtsprozess.

Die Sache ist noch nicht aus, geht noch weiter. Wie?
Das Mädchen mochte mich, hatte mit mir Erbarmen;
verschanzte sich wochenlang im Zimmer, denn seit sie
der Mutter den Tipp gab, sagte sie mir selbst einmal, heulte sie.
Doch schließlich raffte sie sich auf; mit den ihr eigenen Charmen
sagte sie aus, ich habe ihr doch gar nichts angetan,
bloß hätte ich sie vor sich selbst bewahren sollen. Ihrem Wahn.
»Nein doch«, so ich – es war ein öffentlicher Pas de deux –
ich wollte zeigen, wie ich sie kenne und liebe, und wieso:

»Natürlich muss ich als Moderatorin
die Leute immer vor sich selbst bewahren
und umso mehr die Tochter der Kollegin,
die ich liebe – ich gebe es zu. Freilich, ihr Gebaren
mag merkwürdig erscheinen, gradezu verwegen,
doch ist in diesem Haus so manches etwas arg.
Vor diesem Einfluss sollte sie auch meine Freundschaft schützen,
weil ich die Lena wirklich äußerst gerne leiden mag –«
»Genug von diesen ganz durchtriebenen Fürwitzen!

Siehst du nicht, schau, du bringst schon meine Ma ins Schwitzen!«,
platzte es heftig aus der Lena raus.
Tatsächlich konnte sie schon nicht mehr ruhig sitzen,
stand auf und ließ im Saal die glockenhelle Stimme blitzen.
Ich wiederhols nicht, was sie sagte, war ein spitzfindiger Graus
für Lena und für mich, wir saßen mit gesenkten Häuptern,
ließen das Wetter über uns ergehn. Doch da griff Lena plötzlich
nach meiner Hand, entschied sich fürs Umhalsen, öffentlich.
Und da schien es, als würde der Prozess möglicherweise scheitern.

Tatsächlich wurde zugegeben, dass die Lena arg ist,
die Klage fiel, und niemals wird herauszufinden sein,
ob alles, was sie widersprüchlich angab, wirklich wahr ist,
was ihre Mutter hören wollte, was indes ein
Produkt ihrer perversen Phantasie war, Kondens ein-
es maßlosen Konsums von exquisiten Manga-Seiten,
welche ihr jedoch auch emotionale Bildung
verschafften, welche die meinige überstieg bei weitem.
Nach einem Jahr erschien ihre blumige Schilderung

der Vorkommnisse, deren Erfolg eine neue Sendung
inspirierte. *Verführ den Moderator* setzte
Gäste und Profis aller Altersklassen in Verbindung.
Alles darin war Lenas eigene Erfindung.
Durch allerhand Gerät, in schicker Kleidung, hetzte
man diese Leute, aber auch Musik und schöne Künste,
Philosophiegespräche waren zu bestreiten. Lena selber,
jetzt fünfzehn, dirigierte, stichelte, blühte. Blutrünstigere
Ästhetinnen als sie kaum denkbar. Mal hetzte sie Kälber

durchs Studio, bis die Anzüge vollgeschlabbert waren,
dann war ein Mahl zu kochen, Fernsehen
zu kommentieren, eine Riesenladung Plastikwaren
nach Plastiksorten zu sortieren, wehen-
de Fahnen zu erkennen und Geschichten zu erzählen.
Ich war dabei und ich erkannte vieles darin wieder,
was unser Spiel in Garten, Teich und Wäldern einst belebte.
Sie verscherbelte unsre Welt. Doch ich blieb stumm und bieder.
Soff mich nur zu nach jeder Show, bis mir das Hirn erbebte.

Und suchte zu Erwachsenen Kontakt, suchte, aus ihnen
das Mark zu holen, das sie mir verleugneten,
stakste durch die Diskurse, die liefen auf Schienen
in den Kantinen zwischen zwanzig starren Mienen
dicht durch den Raum. Wie sie da rumgeigten!
Ich war das Schreckgespenst von allen Musenbars,
presste die Busen aus von aufgepumpten Busenstars,
leckte ihren aufgebrachten Begleitungen den Arsch
verbal, doch schmeckte mir alles Erwachsene zu harsch.

Ich soff mich also jeden Abend auf den Boden,
damit ich fokussierunfähig dann in Lenas Show
erscheinen konnte. Warf mit Gegenständen: Tobend
ertrug ich alles. Wenn ich fachsimpelte, zog
sich die Show für mich nicht so in die Länge, doch es bog
sich keiner mehr vor Lachen, mein Gesicht war ernst geworden.
Ich hatte immer noch recht viele Fans, sogar ein Hype
war jetzt. Ohne mich wär die Show wohl auch gestorben,
und auch Lena verlangte, dass ich drinnen bleibe.

Und so kam man auf eine unterhaltsamere Lösung,
als meinem traurigen Toben noch zuzusehen:
Zur Wahl stellten sie mir unfreiwillige Brustvergrößerung
oder quasi endgültige Zivilisationsverstoßung:
Auf »die einsame Insel« sollt es mit mir gehen,
wohin man bekanntlich immer drei Dinge mit-
nehmen darf. Wie so oft ist aus Gewohnheit und dem Myth-
os ein Touristenschmäh geworden; so auch im Prospekt
Verbannungsinsel Tantalos, wo ein Comic-Insekt

im Frack neue Verbannte sehr willkommen hieß.
        Wir sahen uns das in der Sendung fröhlich an.
Lena saß schwer auf mir, was sie sich niemals nehmen ließ,
und ließ mich lallen: »Dieser Käfer schaut dir ähnlich.«
        »Dann fahr halt hin!« »Ich fahr eh hin!«
»Was brauchst du mich dann?« »…«
»Gefällt es dir, dort wohnen?« »Eher nein.«
»Gefällt dir deine Brust?« Ich starrte drauf, verschwiegen.
»Die Insel also. Was nimmst mit?« »200 000 Flaschen Wein.«
»Das geht nicht. Das Budget der Fernsehstiftung ist zu klein«,

sagte Lena gelangweilt. Und da erst wurde mir klar,
dass diese Verbannungsidee ihr voller Ernst war.
        Ich sah von Dirk zu Lena, zu Philipp, zu Boden.
Sie waren auch etwas betreten, diese Schar.
        Doch rafften sie sich auf und streichelten verlogen
mir übers Haar. »Es ist nicht leicht mit dir, das weißt du selber schon.«
Und ich klaubte den Geist zusammen. Überlegungsmarathon.
Wählte ich Lebensversicherung, Rettich, Telefon,
zum Beispiel, riefen sie mich an, mit öffentlichem Hohn,
um mir zu sagen, die Versicherung bekommt mein Sohn.

Und wählte ich ein Schiff, bekäm ich wirklich Angst,
        auch wenn so mancher diesen Ausweg wählte
(»Bevor du wegen blöder Umfragen nachts nicht mehr schlafen kannst …«).
        Wenn ich das Schiff mit meiner selbst beseelte,
        bemannte, mein ich, sähe ich gegelte
Frisuren von zehn Unteroffizieren neben meiner eigenen.
Wir bildeten kein Team, nur einen unendlichen Reigen, denn
mein Seelchen gleicht ganz einer Schiffsturbine zwar, diesem Heloten
des Fortganges, verheddert sich dabei aber in seinen Knoten.

Und wählte ich ein Schaf, das sichtlich schwanger ist,
        und einen Webstuhl und ein Schurgerät
und sähe mit Entsetzen zu, wie es lang und noch langer pisst,
bis es ganz mager und mein Herz noch banger ist,
        zumal mir gar nicht klar ist, wie der Webstuhl geht;
baut' ich aus Zweigen uns dann auch noch einen Kamm
und einen Damm, um einen Bach zu stauen, ramm-
te Pflöcke in den harten Boden, um das Schaf zu bannen
vom Kohlgarten, gösse aus dem hiesigen Bleivorkommen Gießkannen,

ernährte uns von Wirsing und webte ein Tuch,
        so fehlte es mir doch an Schneiderkunst.
Ich säß in meinem Poncho, wartend auf Besuch,
        und sonnte mich zwar sehr in meiner Neider Gunst,
        betrachtend langmütig des Schafs solipsistische Brunst,
aber das Leben zehrte mir doch am Gemüt.
Ich täte, was irgendwann mal jeder Verbannte tut:
Versuchte Selbstmord. Raufte mir sodann das Haar,
weil ich noch da wär, da doch allzu ungeschickt ich war.

Und weiß ja doch genau, das Spiel der Magazine
        dient nicht dazu, die Prominenz zu testen
auf Überlebensskills an der Kompostlatrine,
        sondern man schaut wohlwollend zu, wer den besten
        Geschmack beweist. Es geht darum, drei Gesten
wie Samen in das Magazin zu pflanzen.
Nicht kümmern einen Chancen oder Wanzen,
wenn sie nur schnallen, dass, wie sie, gelackter Mist
man ist, und Markenschuhe zeigen, welch ein Akt man ist.

Ich ziehe also Kleidung in Erwägung.
Verhungre doch, Feinslieb, im kleinen Schwarzen!
Tendier jedoch vom Temperament her zu was Schrägem
wie dem Raketenschuh mit Sägeprägung.
(Wer keine Schnürsenkel trägt, der entkommt den Parzen.)
Dazu ein Tennisset von Yves Saint Laurent
und einen Hengst mit schöner, starker Vorderhand
oder vielleicht einen noch undressierten Pudel
und dieses Modetrainers neue Pudelfibel.

Nun fällt der Name dieses Pudelflüsterers,
der in den letzten Monaten Hunde und Menschen gleich
behandelte, ja öfters Hunde küsste, was
die ungeküssten Studiogäste etwas bleich
mit ansahen, mir nicht ein. Nur der von dem Scheich,
der sich als Einziger über den Mann entrüstete,
als der sich beinah an seinem Kamel vergriff.
Der hieß Ben Ali Queri, Herr der kleinen Wüste Tä,
und war im Studio mit einer neuen Art von Wüstenschiff.

In diesem Tank, der auf die Bühne rollte
und ein paar hundert Liter Wasser fasste, wenn er voll war,
saß quickfidel Herr Arsch-Maria Holte
im lila Tweed, die Hände tief im Wollhaar
der Pudel, die heraussprangen, was toll war.
Ja, so hieß der. Müsste ich nur noch wissen
den Titel seines Buchs. Wars *Hunde küssen,*
Afghanen pudern, Dalmatiner striegeln?
Er sagte, er beschäftigte sich als Junge mit Igeln,

ja er sei richtiggehend verhaltensgestört gewesen,
weshalb es in der Schule nicht so hingehaut,
und an den Igeln sei er dann genesen.
Beschädigte Seelen, man weiß es, spielen gerne hart.
Dann zog seine Familie nach Oberwart,
wo er eine Zeitlang der Jugendnaziboss gewesen sei.
Habe aber nach einer Weile eingesehen – Hei! –,
dass Tiere ebenso leicht zu dressieren
sind, und besser für das Repräsentieren.

So holte Holte Pudelmischlinge aus dem Tierschutzverein,
»ausschließlich unkastrierte«, so das Fräulein dort,
und züchtete sie jahrelang bei sich daheim.
»Es war nicht grade, was die Mama wollte,
aber sie konnte nichts dagegen tun«, so Holte.
Er holte Kinder aus dem nahen Hort
(erwischte sie beim Gange zum Abort)
und machte sie zu Aufsehern der Pudel
und baute so ein Pyramidenrudel.

Die Disziplin sei für alle Beteiligten gesund.
»Und die Prinzipien«, so Holte heute, »lassen sich
auch auf die Paarbeziehung, nicht nur zwischen Hund
und Mensch, anwenden. Viele Hunde hassen sich
wie Menschen gegenseitig, doch sie passen sich
ebenso gerne an verlässliche Strukturen an,
wenn man sie ihnen bietet.« Dann fing er mit Huren an.
Wahrscheinlich war das doch ein Karrierekiller,
weil Hundefreunde oft auch Frauen mögen. Jetzt ists stiller

um ihn. O Neues Fernsehn, so sehr wie das Alte war!
So schnell ist einer weg, sobald die Zeit gedeiht,
dass jemand weg muss, und dann stehst du da,
am falschen Ende eines Zeigefingers,
das Schicksal spielt mit Floskeln eines Obersten Erklingers:
When ah say jump, all that is wrong is right.
Wir lernen, dass, wo Einer ist, nicht viel ist,
während es Oben lispelt, was der Deal ist.
Und alldieweil du an der Chefin Wedel hingst,
erinnerst du dich jetzt, du über Schädel gingst.

Ich sah nun in die Schlünde dieser Menschenfresser
wie in den eines Bulldozers ein Kitz.
Ich kieste einen Schleifstein und ein Messer,
denn ohne Messer ist ein Schleifstein ohne Witz,
und überlegte, wie ich nun diesen Besitz
vervielfache: Mach große Haut aus kleiner.
Es blieb mir jetzt nur mehr von den drei Gegenständen einer.
Sie drohten schon, mich mit nur zwei davonzuschicken,
da wünschte ich mir: »Meyers Konversations-Lexikon!«

Sofort erschien ein Steward, der mir die Lena vom Schoß nahm
und mich backstage begleitete,
wo ich noch einen großen letzten Schluck Pernod nahm,
bevor er mich an Bord eines rostigen Boots nahm,
dessen Namen zu merken mir ich leider scheiterte.
Ich sah sie noch winken an beiden Hintertüren
des Studios. Kameras filmten uns, wie wir davonfuhren,
das Boot war nämlich festgetäut auf einem kleinen LKW.
Ich denke, wir stechen erst später in See.

2

Ich bin also verbannt und auf dem Weg dorthin
        mit drei von mir gewählten Accessoires.
Lena und ihre Mutter werd ich wohl nicht wiedersehn,
        doch auch die andern nicht. Die sind schon lange haaß
über mein unerlaubtes Fummeln in den Fluten
der Seelenwallungen der Bösen und der Guten
zusammen mit meiner unsäglichen Tendenz
zur Arroganz, besonders wegen Nichtendens
blöden Geredes verschiedener Rüschenliesen,
die gifteln, koksen und es in die Plüschen niesen.

Da sitz ich nun, an Deck eines immensen Boots,
        neben vier großen Packpapierpaketen,
und unterm letzten Licht des Abendrots
        les ich von altmodischen Leuchtraketen,
        die sonst nur existieren mehr in Bibliotheken.
Zum Glück kann ich die alte Schrift noch lesen,
muss allerdings erst von der Seekrankheit genesen.
Die zweiundzwanzig Bände hab ich oberflächlich durchgesehn,
es ist die Ausgabe Leipzig 1910.

Bezüglich aber dieser Leuchtraketen
        finde ich ein paar Dinge interessant.
Es gibt mit Holzstock welche und Spiralraketen.
        Sie warn im 18. Jahrhundert unbekannt,
        davor sowie danach hat man sie abgebrannt,
seit wir die Technik 1300, wohl von den Chinesen,
erlernten. Und nun hab ich also hier gelesen,
dass ganz Europa sie im Rokoko komplett vergaß.
Aber die Inder schossen sie, und Congreve sah's.

Congreve – nein, nicht der Dichter, der mit Comte
korrespondierte, und auch nicht der andre Dichter,
Verfasser von *The double dealer*, *Love for love* und *Incognita,*
or love and duty reconciled, ein Rechtsstudent in London,
ach ja, und außerdem Paris als Richter –
nein, der Artillerist und Ingenieur,
der in und nach dem Dienst in the Queen's Heer
Patente für Schleusensysteme und Mehrfarbendruck
einreichte, war vom nordindischen Licht beeindruckt.

Mit wechselnden Erfolgen flogen die Geschosse
gegen Franzosen, Ungarn, Italiener, Dänen
und transportierten Lichter, Bomben, Sammelkloße*
für Schrecken, Feuersbrünste und Migränen
sowie zur Auffindung moderner Helenen.
Auch Österreich züchtete paar Jahrzehnte lang Raketen auf,
gab jedoch dann das Zündeln mit diesen Geräten auf,
wahrscheinlich weil mit ihnen nicht gut zielen ist
und jeder alles sieht, wo Österreich doch so verschwiegen ist.

Zehn bis fünfzehn Sekunden lang erhellt
die Leuchtrakete rings um sich die Welt,
die nachher rasch in kühles Schwarz versinkt,
und wie im Traum hast du dann festgestellt,
dass ein armloser Bruder auf dich zu hinkt.
Was dann passiert, fühlst du vielleicht, hast eine Ahnung,
was der dumpfe Kollaps vor dir bedeuten kann und was
die Flüssigkeit auf deinem Fuß, vor Unbekanntem Warnung
vom Unbekannten: »Stirb lieber auch. Hier ist es zu krass.«

---

* gemeint sind Granaten

Verdächtig kurz scheint die Geschichte mancher Länder,
und ähnlich hier: Du weißt, dass du zu wenig ahnst.
Wissen ist Erfrischung nur für den *casual* Verwender.
So wie dein guter Freund mit seinem kargen Wanst
gibt es dir nie mehr Küsse, als du tragen kannst.
Denn eigentlich wird wesentlich sein, einen einzigen
Kuss zu verfolgen, wohin er dich immer bringt.
Dort seiend, weißt du, du erlebst nur einen winzigen
Teil alles anderen – doch der Teil singt.

Fünfzehn Sekunden Licht hältst du nur dann aus –
dies ungrelle Benennen sämtlicher Details –,
wenn du vorab schon weißt, was du da anschaust.
Die Seele einer Kamera weiß, was es heißt
(sie wird von übermäßigen Eindrücken weiß),
so lange einem Bild sich auszusetzen,
um dann zu töten oder bloß zu petzen,
und schweigt. Man liest von ihrem Angesicht
die Daten ab, es sei denn, man versteht sie nicht

aufgrund von radikaler Kompositionsästhetik.
Man suchte einen Feind und findet bloß das Eck
eines zerstörten Bauernhauses, oder Abstraktion
der Mützen überm schlafenden Bataillon,
oder die ganz verteufelte Arithmetik
der Eiskristalle in einem Mund, tot, wie vor Schreck.
Fraktale, die dort in den Himmel ragen. Im Wachstum
begriffen. Vom Abbild weg. Weiter Weg das, lachst du.
Das Petzen hat so viele Äste wie ein großer Baum;
und fällst du ihn, wuchert es im Umraum.

O Deutscher, lach und sag, dass ich dich nicht ertappte!
        Ach herrje, wer hat dich bloß grade so gemacht?
Ists Drachenblut, ists Sauerkraut, was dein Hirn überschwappte,
        dass du Vergnügen presst aus der Unwahrheit Schacht
        in dir, weil sie dort nackt? Oder warum hast du gelacht?
O Deutscher, deine Feinheit wohnt im Blick auf Rädchen,
nimmt man sie dir weg, bleiben lose Fädchen,
du kicherst leis, sie schwanken unnütz in der Zeiten Wind.
Jetzt arbeitslos, warst du einmal der Zeiten Kind;

jetzt sind aber Ironiker am Jausnen
        auf den Pipelines und Faserkabeln dieser Welt.
Kann sein, du nahmst dir immer schon heraus nen
        zu arroganten Ton, doch hast die Technik hingestellt
        aufs Feinste – dass der Teufel 's dir vergelt! –,
wo jetzt Mephistopheles über Grenzen flutschen,
um immer neuen Warlords die Schwänze zu lutschen,
und Reden schwingen lassen in sich abklatschenden Stilen,
bis Englischsprach schmachtet nach dem Kratzen von Federkielen.

Behauptungen werden heute industriell gefertigt
        aus einem kleinen Kanon an Begründungen,
die schon im internationalen Schlagabtausch bewährt sich.
        Misstrauen herrscht gegen Erfindungen,
        die zu viel ändern – Optimierung bestehender Windungen,
nicht mehr, nicht weniger wird als Verbesserung erkannt.
Im Fortschritt sind wir zu vorsichtig kleinen Schritten angemahnt,
zu Geistesleben tief im Sand, Kämpfer auf allen vieren:
Es ist so, wie Spiralraketen von hinten mit dünnem Draht zu penetrieren.

Nun musst du überlegen, ob du wagen kannst,
länger aufzuspielen zu diesem argen Tanz,
denn die Erinnerung lässt dich niemals in Ruh,
und wenn du, Rahmenmacher, fett am Stapel Zargen lahnst,
scheint dir, armlos sieht jener Bruder dir weiterhin zu.
Du weißt es, aber kannst es nicht ertragen
zu sagen; er weiß es und *kann* sich nicht beklagen.
»Die Stummheit ist der Fluch des klaren Lichts«, sagst du
zum Himmel laut, und er sagt weiter nichts dazu.

Ich höre, die Motoren werden schwächer,
und jemand lässt ein Rettungsboot seitlich sich senken,
und die Matrosen weinen, halten sich für meine Schlächter,
doch wollen sich in mein Geschick nicht lenken,
sie haben auch nicht wirklich Zeit, es zu bedenken,
denn alle Sekunden schwappt vom Korallenriff
auf unser Schiff gerichtet dessen Krallengriff.
Ich also schnell ins Boot mit meinen zwanzig Bänden,
dem Messer, dem Schleifstein und den zwei Supplementen.

3

Sie winken noch einmal, und ziemlich kleine
        Figuren holt der Kran ins große Boot,
das bereits anfährt. Ich bleibe alleine
und sehe, wie am flachen Strand sich eine
        Welle ein bisschen weiter als die nächste – doch wie tot
wird sie vom Meere ruhig eingestrichen,
dem ewig unruhigen. Niemals ist beglichen
die Rechnung seiner irren, irren Blaue,
die leuchten und nicht leuchten. Und ich schaue

dem Boot nicht nach. Langsamkeit macht mich wild.
        Ich weiß, dass langsam schnell ist. Täuschung aber
besänftigt nicht das Auge, das, zu gierig, irrt
        unter des Himmels müßigem Gewaber
bis an den Sand, wo eine kleine Krabbe girrt.
So waren meine Fieberträume. Ich als Kind,
ein riesengrober Reifen, rollend über einen Faden,
der feiner ist als alles. Ganz klar, wer gewinnt.
Auf einer endlosen, gebügelten Leintuchgeraden.

Nichts andres fällt mir ein zu diesem Krebs.
        Die Vorstellung, den Krebs zu essen, macht mir Sorgen.
Jedoch auch, dass der Sand zwischen die Blätter des Krepps
des Lexikons gelangen könnte und dort knirschen.
        Ich müsste mir vom Krebs dann eine Zange borgen,
dabei mich vorsehend gegen der anderen Zange unwirsche
Behandlung, um den Sand herauszufischen
aus dem Rücken der Bücher. Kein anderer Rücken hier,
um mir Kurven und Muttermale aufzutischen,
als meiner. Aber der ist leider hinter mir.

Es ist zu früh für diese Art Gedanken.
Zudem chatten grad jetzt in tausend Gay-Chat-Foren
Millionen Gleichgesinnte, dicht an dicht wie Plankton
im Sägewerk des Meers, ganz gleich sinnlos geboren,
zusammen rauschend, ehrlich wie Urin in Rohren,
sobald sie sich berühren. Ich aber hab Information!
Hab echte alte Seiten zu meiner Disposition
und Sandstrand, Sonne und wahrscheinlich Tiere.
Allerdings gelüstets mich langsam nach einem Biere.

Noch bin ich frisch. Schau nach im Lexikon.
Und wie erwartet, Leipzig 1910
kennt sich da aus. Zum Lemma Bier sehe ich schon
elf Seiten, die ein Stückchen hinter Bienen stehn.
»Der Bien muß«, kann ich nicht umhin zu sehen,
kommt aus dem Lalebuch, wo ausländische Riesenbienen
durch reines Pflichtgefühl in zu kleine Kabinen
passen. Berliner Denkmäler! Beugung des Lichts!
Und Birnen, Birnen, Birnen! Oh, mein Auge bricht.

Als ich erwache, ist das Boot nicht mehr in Sicht.
»Endlich wirklich allein!«, sage ich mir.
Endlich Erfüllung aller Mädchenträume, nicht?
Das Mädchen wusste aber auch: »Was mach ich hier?«
Und: »Nimm mich endlich ganz, denn ich gehör nur dir.«
Diese Palette wieder einmal durchgespielt, wie jeden Morgen,
dieselbe alte Platte, weißes Blatt für meine Sorgen:
Wie soll ichs aushalten bis ans Lebensende mit mir?
Dann fällt mir meistens etwas ein. Ach ja, das Bier.

Zuerst macht man also aus Gerste eine Maische.
        Ja hätt ich das beim Wünschen schon gewusst!
Es geht auch mit Kartoffeln, Weizen, Mais und Reis eh.
        Na gut, hätt ich mich erst wieder schwer entscheiden gemusst.
        Reisbier ist hell und leicht und taugt sehr zum Genuss.
Dann mach ich Reisbier. Hier ist sicher Reisland,
zum Reisanbau braucht man glaub ich auch gar nicht so viel Beistand.
Da fällt mir ein, ich hab ein Gerstenkorn im Aug.
Vielleicht krieg ich das raus, wenn ich dran kräftig saug.

Tatsächlich! Mit einem präzis gepflückten Grashalm,
        angesetzt an der eitrigen Erhebung,
saug ich sie aus und trag den Inhalt achtsam,
        folgend dabei einer instinktiven Eingebung,
        an eine Stelle, die eine laszive Beindrehung
einer anthropomorphen Palme leicht wiederzufinden macht.
Ich grabe das Korn ein. Mal sehen, was es schafft.
Und hab ich Glück, ernt ich aufs Jahr so viel an Gerste,
dass ich Grütze und Bier schlürfen kann, bis ich berste.

Zurück zu Bier. Der Anfang ist ein Keimenlassen.
        Wann aber muss den Keimvorgang ich unterbrechen?
Egal, das lässt sich experimentell anpassen.
        Man muss die Gerste waschen und gut rechen,
        befreien von den schlechten Teilen an den Oberflächen.
Der Körper saugt das Wasser auf und wird süßer und leichter,
und über drei Tage, so kann man zirka sagen, weicht er
auf und schickt aus sich nun, gestärkt, Koleoptilen.
Wie Freiheitsgeister steigen sie aus der Masse der Vielen.

Bevor aber der reine Keim zum Grünen kommt,
muss man ihn unbedingt stoppen und nutzen.
Noch eh er sich im Licht photosynthetisierend sonnt,
die Reste Stärke seines Elternkorns verputzend,
muss man ihn trockenkochen oder stampfend stutzen.
So auch mit Dichtern, möchte ich fast sagen,
die wie Elfenbeinphalloi aus den Kinderstuben ragen.
Nichts ist so nahrhaft und so bekömmlich wie ihre Süße,
doch gib ihnen die Welt, und sie bekommen kalte Füße

und schreiben energielos und verzagt
immer das Gleiche, was man ihnen sagt,
oder das Gegenteil, und kennen sich nicht aus,
ändern sich und wissen nicht, ob man sie noch mag,
können sich nicht entscheiden, machen früh das Licht aus,
um im Dunklen eine Familie zu gründen
oder ein neues Versmaß, das nicht funktioniert,
wollen bloß endlich finden, was die andern finden,
die finden aber nur, dass man sich eigenartig ziert.

Macht also besser gleich Bier aus den jungen Dichtern!
Malzapparate gibt es schon zuhauf.
Macht Bier auch aus den Kritikern und Kunstrichtern!
Lasset sie kommen, stampfet sie und sauft!
So kommen weniger Probleme auf.
Mein Gott, was sind das schöne deutsche Reime.
Obgleich ich bierlos, ist mein Hals wonnig davon im Schleime.
Aber jetzt weiter im Maischeverarbeitungsprozess.
Den Keimlingen wird kochend heißes Wasser zugesetzt.

Das kann man zweimal oder dreimal wiederholen,
    es scheint mir ziemlich ähnlich wie beim Tee,
beim dritten Mal ist nicht mehr allzuviel zu holen,
    das Resultat ist Dünnbier, also nicht so schee,
    man kann es mischen mit der bessren Qualität.
Dann erst beginnt der Gärprozess, die Würze zu bewühlen
mit Ober- und Unterhefe. Vorher muss man sie kühlen,
und zwar recht schnell, denn wenn es lau ist, wird sie sauer.
Ach, da wird schon gehopft, aha, der Dichter-Brauer

möchte ja ein haltbareres Produkt als das, was würde,
    wenn man die Würze direkt gären ließe. Diastasen
und heimische Mikroben expandierten ihre Zierde,
    was nie gut schmeckt. Es wucherten die Tanten und die Basen,
    chaotisch labernd schwellend den Schaden der Phrasen.
Dagegen wachsen Kräuter, bittere. Man konnte hoffen,
dass dank Hopfen, Rettich, Lupinen und anderen Stoffen
das Menschen verträgliche Maß an Gärungsgiften
nicht überschritten wird. Gekocht und dann in Kühlungsliften,

ich meine, Kühlungsschiffen schleunig abgekühlt. Geleitet
    durch Eisrohre. Der schwimmende Hopfen dient dann als Futter
fürs Vieh. Die Hauptgärung wird schließlich vorbereitet
    durch Zutat aus der Ober- oder Unterhefemutter,
    die so von Bier zu Bier zieht wie ein Lethekutter.
Die Alten spuckten noch zerkaute Kräuter in den Maischeplatz.
Wenn wir den Dichter weiter nehmen, kommt hier Heischesatz
oder ein Ödipus rein. Vierundzwanzig Stunden gären lass ihn,
dann wird der Schaum braun. Jungbier. Gieße in ein kleines Fass ihn.

Während der Nachgärung verlässt mich die Geduld, ich blättere.
        Das ist doch alles für mich wenig realistisch.
Ich habe doch kein kühles Brauhaus hier! Ich klettere
        auf eine Palme, oben ist es vielleicht frisch.
        Etwas fällt runter, unten macht es »zisch«.
Die erste Kokosnuss meines Lebens – zerbrochen.
Ich bin so durstig, hab die dünne Milch nur kurz gerochen.
Jetzt sitzen Fliegen, Eidechsen und kleine Hasen auf ihr,
und ihretwegen nähert sich jetzt auch schon mit Geschnauf ihr

Fressfeind, der Tiger. Ich, noch auf dem Baum,
        erinner mich an ein Gedicht, nicht aus der Schule,
aus einem fremden Leben, schäumend wie ein Traum,
        Kokoswasser in Sand – *A little tepid pool,*
        Drying inward from the edge – einwärts, doch keine Spule,
wie des Ameisenbären Zunge, der es fleißig leckt,
wie des Lemuren Finger, der sich in die Schale reckt.
Nach Edna Millay fällt mir Blake ein, *burning bright*.
O wie der Tiger kühlend auf die Gruppe schneit.

Sie frieren ein, einzelne jagen schnatternd ins Gebüsch.
        Der Tiger gähnt und überblickt die Szenerie,
schupft, als wär er zu schwer, muskelzuckend den Plüsch
        und setzt Pfote nach Pfote in den warmen Sellerie,
        der ihn, kaum flüsternd, durchlässt. »Mädchen, wähne nie,
dass ein Tiger dich nicht sieht«, rät aus einer kleinen Wolke
über der Palme, wo ich nach Gott suche, Sigmar Polke
mir. Gott sei Dank hab ich früher so exzessiv
Kunst konsumiert. Sonst hinge heute meine Fresse tief.

Ich rieche schon vom Tiger seinen üblen Mief.
Wie eine lang verheiratete Luxusnutte
den Flachbildschirm betätigt, legt er schief
die Zunge in die Pfütze. Die wird weniger tief,
sobald sie mit ihr ist. Und seine Kutte
legt sich in großen Falten über seine Wampe
und die zur Ruhe. Wie berauscht vom Kokosdampfe
torkeln noch ein paar Fliegen um die Tigerschnauze rum.
Ich glaub, er schnurrt perfekt. So eine Art Liegelaut-Serum.

Also doch nicht allein! Wenn ich nur wüsste,
welchen Geschlechts das prächtge Tier hier ist.
Ich, notnuttennichtungleich, überleg schon: Wenn ich küsste
auf grad die richtge Art, auf Halsschlagader, dann auf Knierist,
oder wie heißt das eingeschlagne Eck vom Bein – *the queerest*
gewinnt das Herz der Finsternis, ich kenn den Mechanismus:
verwirren, Panik ausschalten, den neuen Katechismus
hochladen, noch bevor das Opfer ganz erwacht.
Ich war mal Seelenhacker, hab so all mein Geld gemacht.

Während ich so mit Vorstellungen sanftbrutaler Macht
den köstlichen Tierleib betrachte, wie er schläft,
hat wohl ein schwerer Traum des Tigers Leichtestes entfacht:
Etwas erwacht, der Tiger wird flauschiges Heft,
aus dem aus Übermut ein schutzlos rosa Wesen klafft.
Ists Made, Junges oder – wag es nicht zu denken;
beschließe, meine Blicke auf meine Schuhe zu lenken,
nicht die Raketen mit der Sägeprägung, hab ich gar nicht,
es sind bloß sittenlose Pumps von dem Manolo Blahnik.

Und was man anschaut, rutscht, das weiß auch die Physik.
Mein String hält noch, aber die Füße standen
schon sicherer auf dieser unfrisierten Palme. Müßig
zu überlegen, wie viel Diplomanden
es bräuchte, festzuschrauben meine unruhigen Quanten.
Das runde Ding, dessen baldigen Fall ich wittere,
weil ich im selben Takt wie es mit meiner Wade zittere,
ist haarig ganz wie ein Atom, doch leider größer. Wähn es,
und es trifft ein: Die zweite Nuss fällt auf des Tigers Penis.

Wut und ein Quäntchen von Entzücken mischen
sich im Falsettschrei des gestreiften Urwaldbiests,
und über meinem Kopf voll Ängsten um mich zischen
die Palmenblätter Zeilen von Wordsworth und Keats.
Der Tiger kauert sich granatengleich – gleich schießts
empor, das empfindlich gekränkte Tier.
Ich schau mir schnell noch einmal alles an, gleich ist es aus mit mir –
der Augenblick wird länger, ja, mich kitzelt eine Strähne
von Haar an Wange. Ich kratze. Und eine Tigerträne

fällt in den Sand. Was ist denn nun? Ich fühle mich gemahnt
an so entsetzliche nächtliche Situationen,
wenn irgendeine Sache endlich mal zur Sprache fand,
und nach ein paar peinlichen Stationen,
denen jeder der beiden beizuwohnen
sich durch Beziehungslogiken verpflichtet sah,
ist nun alles gesagt, und man liegt weiterhin nett da
und weiß nicht vom verletzten Körper: Schläft er?
Wünscht er sich doch noch eine einschmeichelnde Geste?

Oder ist er schon anderswo? So schien mir jetzt die Welt
aus Tigersicht milchig und unerkennbar,
und er hat sich indessen wohl die Frage schon gestellt,
ob Urheber der Schmerzen ein Gott oder Ann war.
Irgendwie stellt er die Epitheta von Gottfried Benn dar:
halb Tiger, halb Habicht. Plötzlich erglüht der Horizont,
das lange Los entflammt, als wärs der Hellespont –
mich wehts herab, ein dumpfer Laut erscholl –
fast wie ein Mensch erschaudert das Bikini-Atoll.

Die Wirklichkeit ist blöd. Ich habe Horror vor
vor allem unsrer menschlichen Geschichte,
die sagenhaft bescheuert und verworren war
trotz Narrativen und Bildhauern, entgegen Gerichten
und sonst allen auf Weltverbesserung Erpichten,
und mutmaße auf jeden Fall: Nichts Gutes ist geschehen.
Und will nicht so gerne genauer nachsehen,
sondern erfinde einen weiteren Gedanken,
denn mehrere Ideen halten einander gut in Schranken.

Schlimm ist es, wie die Zeit abläuft, sagte ich schon.
Wie unerbittlich ein Problem ins nächste
sich gießt und nie zurück ins Kästchen hinterm Megafon
fließt ein gesagtes Wort, und sei es auch das allerschwächste
der Argumente, vom Schaumgipfel Scham das Höchste.
Man findet lieber einen komplett irren Reim,
lässt zu, dass was passiert – passieren muss –, auch wirklich kein
Schwein mehr verstehen kann, weil es nichts zu verstehen gibt,
sodass der Realismus, niemals irrig, in den Irrsinn kippt.

Das kann man auch beschleunigen! Es geht um Energie
in Wirklichkeit, nichts anderes. Es wandern
die Teilchen umeinander, sie ermüden nie.
Kein Tesserakt ritt jemals sie zuschanden.
Herr Marinetti hatte recht: Man kann den
Weltgeist nicht bremsen – aber vielleicht überholen,
wie einen braven Alpinisten künstlerhafte Dohlen
im Spiel. So denken Künstler schon in Richtung Kernfusion
und leben, irre Drogendogen, gut im Militärblouson,

ganztägig übernächtigt. Ja, die Galeristen müssten
langsam erwägen, den alten White Cube
mit etwas Donutförmigem zu ersetzen. Sie wüssten
ja längst eigentlich, aber – ihre Wolfgang-Joop-
Stützstrümpfe an den Haaren ihrer Beine (trop-
enbraun) zeitschindend mit den Fingerspitzen hochziehend –
so wie das Leben – wie ein Harem Pferde, irre wiehernd
die Hunde an, die sie umstellen – von Magneten
auf allen Seiten nicht gezwungen, nur *gebeten,*

sich in Grenzen zu halten, sich dann einredet,
es gern zu tun, so auch im Tokamak
das Plasma, schimpfend, schmeichelnd, an der Decke klebend,
die auch der Boden ist – wie in der Lok
der Dampf, wie bei Schockfrostbehandlungen der Schock –
durch das andauernde Verarschtwerden viel Energie
freisetzt, die man nur satteln müsste. Wenn man wüsste, wie
die Regelmäßigkeiten der Aufregung zu berechnen wären,
warum die Kräfte hochjubeln und welche eher schwären,

das Tokamak wär längst gebaut. Künstler scheuen Gesetze.
    Auch wenn sie nach einfachen sozialen Regeln
    (weniger nach den beiden James als nach den beiden Schlegeln)
die Preise ihrer Kunst mit dem Preis einer Lächelfresse
    verkoppeln, die grad noch Lakritz vertickte, ekeln
sie sich vor Erkenntnis in den pragmatischeren Formen.
Nur hin und wieder baut ein Künstler kosmisch schöne Normen,
die meisten kleckern. Doch die Regelmäßigkeiten
ergeben sich fast gleich deutlich grade aus dem Vermeiden

der Regeln, also ist es eh egal. Sagt es den Physikern:
Es ist ein Denkfehler, den hellen weißen Stern
    im Tokamak zu halten. Er muss außen rum begehren,
    hineinzubrechen, und man muss ihn abwehren,
    man muss ihn das totale Sichverzehren lehren,
abhaltend ihn von seiner angedachten Arbeitsstätte,
wo heute er so vor sich hin brodelnd sich fusioniert
und fusioniert und fusioniert in einer engen Kette
zwanghafter Logik, innerhalb derer er funktioniert.

Ein Stern in freier Wildbahn ist ganz ungefährlich.
    Er leuchtet vor sich hin und freut sich am *Witiko*.
    Jetzt wirds mir aber schon ein bisschen allzu öko.
Schluss jetzt damit. Es reicht. Wenn ich ganz ehrlich
    bin, nutz ich die Fusion ja nur als Schneeklo,
um einmal voll Genuss hineinzupissen und mich dann
für immer andren Dingen zuzuwenden. Wund mich dann
zu reiben an einmal gehabten Überlegungen,
ist meine Sache nicht. Schaue nach Tigerregungen.

Das Tier ist weg! Ich seh es jedenfalls nicht mehr.
Die Wolke, die dem Knall folgt, der mich leicht verstörte,
hat nicht die Pilzform, schleicht sich selber hinterher.
Ich bin auch nicht mehr sicher, ob ich wirklich etwas hörte
oder mein jäher Fall alles, was der Fall ist, vermehrte.
Und das erinnert mich an den zweiten Gedanken,
mit dem ich den Atomversuch in seine Schranken
verweisen wollte: Umkehrung der Zeit! Es schaudert
mich schon die Ahnung, dass die Brise rückwärts plaudert

die ganze Zeit schon, und ich merk es nicht.
Jedes Geräusch hat seine Klangwelle verkehrt herum.
Ich höre Geister sprechen. Öj! Das Werk ist dicht!
Es niest der Kerker, Ewiges stiftet Berserkertum,
Leberkäs ficht, der Busen sticht, Entwerter-Rum
fließt aus den Kehlen der Fahrkartenkontrollore,
und noch einige Strophen solcher kleinen Horrore
sind ausreichend, um die vielleicht erprobte Bombe
in sich zurückzuschicken, und mir aus der Sonne.

Jetzt aber merke ich erst die *power of mind*,
die mit der Einsamkeit so richtig losgeht.
Ich brauche im Kurzzeitgedächtnis bloß *rewind*,
fast forward, *skip* und *shuffle* zu drücken – der Boss-Kit
funktioniert wie ein Funk-Automatik-Schloss – Igitt!
Ich scratche Wirklichkeit, wie mit den Händen Drucker
Kupferplatten beätzen; wie in Limonade Zucker
als Ätna; und wie mittels einer fein gestreiften Folie
lithografierte Lava fließt, wie Zeitraffermagnolie

die Explosion sich wiederholt gemäß dem Tempo von den Sängern
(mal langsam und mal schnell schießen Brocken nach oben)
und wie – das war das erste Bild – mit ihren dicken Dingern
von Fingern DJs Platten verlangsamten, klangverwoben,
sodass mit den Basssounds die Eingeweide sich verschoben
in den Neunzigern – kann ich diese Wolke nach Belieben formen.
Brauch nur mehr im Lexikon nachzuschlagen: Wolkennormen.
Wie sagte John Giorno? »*We ARE the god. We ARE Computers.*«
Ich bin vielleicht sogar der Alptraum eines Puters,

dessen Leben ich mal in einem Langgedicht beschrieb,
das abbrach, weil ich noch zu wenig wusste
über das Leben in einem Massenbetrieb,
das Delirieren, Fliesen, dic täglichen Fruste,
den sinkenden Mut und die anschwellenden Wulste
eines professionellen Samenspenders. Eh. Ich bin –
und weil ich als Publikum Damen kenne, deren Sehsinn
ganz von Wörtern verformt ist – davon abgekommen.
Doch hat vielleicht der Puter, den ich erst verschwommen

im Kopf ausbildete, weil ich nicht einmal richtig weiß,
wie Truthähne aussehen, und in Massenhaltungen
die meisten Tiere aussehn wie US-Amis: Verschleiß,
Fressorgien, Seelenerkaltungen,
Fette, Proteine und andere Freizeitgestaltungen,
verpixelt nach Vorgaben der Medienindustrie,
verwirklicht und verstärkt mit Tricks der Industriechemie.
Wenn derart unausgebildete, deformierte Wesen
halluzinieren, wäre es wahrscheinlich ungefähr, gelesen,

wie ein Computerspiel, das mich nicht intressiert.
Wenn aber ich den Puter aus mir selber machte,
dann wäre in sein Fleisch ja ganz ich selbst hineinmassiert,
und wenn man nun die Situation umstülpte, sachte,
zwischen Geist und Materie, also wer wen ausdachte,
dass nicht ich ihn, sondern er mich – vielleicht als Gott ja – denkt,
in seinem Abbild? Noch ein Grund, warum ich abbrach, kränkt
mich ja mein Selbstporträt als Kugel, am Arsche entzunden.
Es gibt so Dichter. Ungepflegt, Bartstoppel, Fussel, Psychowunden.

Ich aber bin immer noch eine junge Frau,
ja eine sehr begabte Fernsehmoderatorin.
Mein Kopf ist schöner und weniger hektisch als der vom Pfau.
Ich habe noch nicht den Verstand verloren.
Ich war sogar mal für einen Award erkoren
für die am schicksten angezogene Intelligenzija.
Ich weiß, das Wort war einst Kollektivum, CCCP-
Zeiten sind aber weg, der Volksmund hat es umgemünzt
auf die Mode individualistischer Impönierkünst.

Doch wenn ich lasch werde im Denken, so wie jetzt,
nutzt alle Jugend und Weiblichkeit nichts.
Während das breite Banale mir das Gehirn zerfetzt
wie die Trägheit des Wassers einen Bauch bei Bauchfleck,
fühl ich das Urteil eines inneren Gerichts,
gelangweilt, über mir, wie Plattenbauten über Würmern:
denen egal, mir nicht, wenn ich nach oben auf Beton stoße
mit meinem weichen Leib, segmentabbruchbereit, das Große
als Problem nehmend, reproduzierend, glättend und selbst sich krümmend,

Krümel ausscheidend, freilich von göttlicher Glätte,
    Kosmöschen, harmonisch, Dünger für Pflanzen, luftlieb,
als ob mich Perfektion vor der Bedeutungslosigkeit rettete.
    Wie viele Millionen Omas machten ihre Kuchen duftig,
    während die Opas Pfeife rauchend suchten nach dem Puffdieb;
Wie viele Busen reckten sich, allein damit sich streckten
Wurzen nach ihnen, die sie, wenn nicht mal recken half, leckten –
schön ist das, fein, notwendig zum Leben, doch ruhmreich wohl kaum.
Ich lob ja auch nicht, obwohl ich unter ihm sitz, den Baum.

Auf, also, zu den Fakten, zu der Sonne in Fraktur.
    Bevor ich sterbe, will ich alles wissen.
Fang an mit der Umgebung: Fluff in Indigo und Purpur,
    am Himmel hängend wie als Bauch von Gott ein Kissen.
    Wie Hoffnung von Angestellten, sie würden nicht beschissen.
Das projiziert auf sie, erklärt jedoch mitnichten
die Wolken, scheidet nicht die komplizierten von den dichten,
aber je mehr ich lese, wie sie intern funktionieren,
gleichen sie, merk ich, mir, wie auch den meisten andern Tieren,
die in Gruppen oder einsam schwärmend die Landschaften verzieren.

4

Die Wolken sind, sagt Leipzig 1910, nur Illusionen,
indem sie sich auf Luvseite andauernd bilden,
so kompensierend leeseitige Erosionen.
Diesen emsigen Zirkel aus Härten und Milden
mapp ich nun eifrig auf die Abfallhalden
des menschlichen Gemüts und Geists und habe schon verstanden,
warum die Wolken so oft nicht und so oft doch vorhanden
sind, meistens mit sich selbst beschäftigt, dennoch fleißig
erscheinend nach außen, so fluffig wie eigentlich eisig.

Eis ist jedoch für Eis-Eifrige kein Psychokriterium.
So rieten wohl recht eisnahe Agenten
dem Südwiener Gefrorenes-Imperium,
den Werbespruch »Weil Eis nicht Eis ist« zu verwenden,
der alle anzieht, die gern schleckend denken.
Anders als Nostalgie-Eis sind Wolken andauernd neu.
Wie kann man sie von andren Ephemera unterscheiden?
Die Haut ersetzt sich selbst, jedoch in recht bescheidenem
Tempo. Alle zwei Wochen muss sie uns neu einkleiden.
Indessen die Gehirnzellen, die eigentlichen Zeugen

unsrer Beobachtungen an den Wolken,
sind immerdar dieselben, die nur lernen
und sterben:[**] Träger nicht nur sehr ulkiger Locken,
sondern auch der Gedanken, dieser zugleich nah- und fernen
Prinzipien der Verknüpfung, die so schnell erwärmen
uns wie Parkoure, Protokolle, immer schneller, auch,
durchlaufene Manöver. Ähnlich wie der Rauch,
von jedem Schornstein aufsteigend, die gleiche Windung
nimmt, gleicht des Nachbarn meiner eigenen Gesinnung

[**] Anmerkung der Lektorin: Mittlerweile ist dem widersprochen worden, sie erneuern sich wohl doch (Erkenntnisse aus den Folgen der Atombombentests während des Kalten Kriegs). Kommentar der Autorin: Yippie!

sich an in herzlich deprimierenden Figuren
gedankenlosen Aufstieges. Es zeigt sich
alles, was gleich ist, schamlos; auch Lemuren
beteiligen sich daran, das, wozu ein jeder neigt, sich
anzugleichen nämlich – sozusagen geizig,
was die Entwicklung des Neuen anlangt –, zu leben und
nicht gut zu sehen. Wenn wir dann verwirrend reden und
nicht alles in die Umrisse der Regelschönheit fällt,
kanns sein, dass man, um es zu übertönen, bellt

sehr laut in alten, unveränderten Kadenzen.
Was aber kritischer interessiert,
ist unter den ehrgeizigen Sentenzen
des Neuen, zu denen die Kunst dressiert
uns, all das, was nur repassiert,
zu sehen und zu nehmen wie ein Tischtuch,
womit wir wieder bei den Wolken sind,
deren berühmteste, ganz ähnlich einem Wischtuch,
den Tafelberg Kapstadts wie ein Kellner bedient,

worauf in Kapstadt oft ein Wetter folgt. Es ist
Kellnern und Putzleuten der ganzen Welt bekannt
das Tischtuch als Erneuerung eines perfekten Augenblicks,
dessen Reproduktion dem Begehren entstammt,
das Leben einzufrieren, um es besser, wie auf Samt-
kissen, zu empfinden. Annäherungen an den Thron
finden sich weltweit im kleinbürgerlichen Zimmer.
Ob Sandboden, ob Eis es ist, was man durch Sitzen schon-
en möchte, ändert nichts. Fehlt auch der Po: Der Thron ist immer.

Und immer auch umschwirrt von tagtäglichen Diensten,
deren Ergebnis durch die Hand des Thronenden
verworfen wird und durcheinanderfließt. In Wien stehn –
Ich starre plötzlich auf die Kronen-Enden
der Wolke, die größer geworden ist. Wenn denn
die, wie es aussieht, näher kommt, such ich mir Unterschlupf
und schnell, denn dieses Nimbus kunterbunter Gupf
bäumt sich wie altes, unveganes Essen auf und rollt sich
über. Das Lexikon verstau vorerst im Unterholz ich.

Mein Herz klopft wie ein Geigerzähler in Minamisōma.
Während ich schnell die beinahe zwei Dutzend Bände
versetze, fällt die Welt um mich scheinbar ins Koma.
Nach ihrer letzten Ladung zittern meine Hände.
Ich recke mich und schaue über das Gelände.
Links ist es dunkel, wo die Wolke kommt und kommt
wie Nacht, während sich rechts noch ein Iguana sonnt.
Links tanzen Delphine warnend Tänze in Bienensprache,
rechts trinken Zuchtlangusten Bier mit einem Karlheinz Strache –

ach nein, das ist nur das Koma der Welt.
Was ihre Teile vor der Katastrophe
als Träume wählen, auch wenn es mir nicht gefällt,
ist Teil der Wirklichkeit. Ein Philosoph, eh
ein Freund von mir, erinnert: Welt ist auch das Doofe.
»Dicht in die Zukunft«, murmle ich, such eine Höhle mir.
Da fällt mir ein, Alta, das ist ja doch *mein* Bier!
Ich holte all das Wissen aus dem Lexikon,
ich pflanzte in den warmen Sand mein Gerstenkorn,

in *meinem* Unbewussten trinken diese Spackis
die Früchte meiner Arbeit aus und lachen
dreckig dabei. Geht das so leicht? Ich pack es
nicht, was die da vor meinen Augen machen
mit meinem so zerbrechlichen Wissen und Wachen,
und laufe durch den Sand auf die Entzugserscheinung zu,
die sich entzieht, die Sonne macht anscheinend jetzt, nur um zu
entkommen, Schluss mit Scheinen, jetzt ist nur mehr Sturm.
Statt Languste und Dumpfbacke stehn jetzt die Ursprung Buam,

und wie drei Muezzine mit Akkordeonen
erinnern sie mich dran, Gott zu beschwören,
mich doch mit weiteren Werbeeinlagen zu verschonen.
Wahrheit als Subjektivität, wie Søren
Kierkegaard meint (ich sag: Boden mit Möhren),
ist gut, doch durch den jüngeren technischen Fortschritt
kommen wir nicht mehr mit den Möhren mit
an Größe, an globalorangener Omnipräsenz.
Also gib mir vielleicht doch den Mercedes Benz

als Fluchtauto, ich lerne auch Verrat dann,
beten, was immer du erbetet haben willst
in Versen, in Panzerfahrzeugen, im Kaftan –
wie immer du deinen Hunger nach Taten stillst,
indem du dir mit Stürmen einen Wunsch erfüllst.
Der Tod scheint nah und nass mir, und daher die Bitte,
dass ich ihn wenigstens in musikalischem Milieu
erleben kann. Schick mir, wenns sein muss, halt eine Jazz-Gitte!
Sie wird die drei erschlagen. ’s ist mein letzter Wille. Jö?

Ich richt die Augen auf den Himmel. Stille.
Die Pause ist so lang, dass ich vergessen habe,
worauf ich warte, wo ich bin, und eine Rille
im Blatt zwischen den Fingern mit den Fingern schabe,
denkend, dass ich der Königin von Saba Nabe
beschaue und sie bald, nach Absprache mit ihr,
mit Zangen und mit Hämmerchen ihr reparier.
»Vermutlich ist das Kugellager abgewetzt«, sag ich großspur-
ig zur Saba, doch bin unsicher, und sie weiß, ich rate nur.

Moment, ich bin auf der verdammten Insel.
Und warte auf den gottverdammten Sturm.
Aus meinem Hirn ein neues Musikergerinnsel
sitzt gegenüber auf dem Sande, krumm
wie in den Noten ein vermaledeiter Ohrwurm.
Doch wie ich auch den Mund bewege, kommt
kein Ton heraus – als wollte ich wirklich nicht singen.
Ein Schmetterling, der sich auf meinen Büchern sonnt,
ist ob des Lärmens unbesorgt, er weiß, die wirds nicht bringen,
Facettenaugen sehen mich mit dem Nicht-Singen ringen.

»Ich sehe dich nicht fliegen«, sage ich zu ihm.
Kratzig stolpert die Stimme doch aus meinem Hals.
Er wandelt leicht den Winkel seiner Flügel, kaum
trifft ihn mein Hauch. »Der Augenblick hat dich am Leim«,
wag ich noch mehr Konversation, doch hat der Spruch was Schales,
merk ich selber, von Geist rührt sich drin kein Atom.
Und in der Tat fliegt nun der Schmetterling davon.

Wie angeschlagen ist mein Selbstvertrauen!
        Nur von dem Sturm, der einfach nicht daherkommt.
Mein Geist erstickt in meiner Zukunft Klauen!
        Ists eigentlich nur Zukunft, was mich wurmt?
        Es stört mich auch – wenn man hineinzoomt –,
was für kompletten Unsinn meine Psyche tut,
kaum habe ich sie einen Augenblick von Glück und Wut
und sonstigen Aufgaben freigestellt.
Ich hätt gehofft, dass ich dann so was wie ein Held

für sie wäre und sie dann einfach liegen
        und sich über mich freuen würde, dass und wie ich bin.
Stattdessen fällt ihr ein, wie auf Fleisch Fliegen,
wie blöd ich bin, und sie liegt da und spinnt ihre Intrigen.
        Die laufen, ohne mich, die ganze Zeit so vor sich hin,
und ich, ich *bin* so blöd, ich glaube, ohne sie,
ihren Geruch, erkennt' ich mich nicht wieder; nie,
wenigstens, tät ich so viel, wie ich jetzt tue,
weil während ich was tue, lässt sie mich in Ruhe.

Und ohne dieses Tun, woher sollte ich wissen,
        wer ich bin, wer die Luft, der Sand am Meer?
Obwohl: Würd ich mein eignes Ruhekissen,
        erkennt' meine Psyche wiederum mich nicht mehr.
        Nicht lachen, die Idee gefällt mir sehr.
Dann kann sie lang nach ihrem Opfer suchen
und jagen mich, mit ihren blutrünstigen Eunuchen!
Wag ich mich meinem So-Sein zu versagen,
hat meine Psyche nie mehr was zu klagen.

Schön! Eine Lösung, und an Stürmen weiter null.
Habe ich mich beim Wolkenanalysieren geirrt?
Die Visionen, bei Bier zwei, streichen sich jetzt schon Stullen
und haben meinen Strand mit Butterbrotpapier verziert.
Ich will sie weghaben. Wer hat sie engagiert.
Sie singen jetzt. So dumme, kurze Strophen ohne Spannung
zwischen Inhalt und Text, ich meine diese Art Verbannung
alles Interessanten, Problematisch-Aromatischen,
nach Art von thatcherösen Anzugträgern an Bartischen.

Ich möchte schaun, es kommt mir ein Verdacht:
Das sind keine Visionen, das sind vielleicht Robben.
Fette, dunkle Gestalten, vorhin drei, jetzt acht;
oder Bronzen von Kübeln, oder Kolben,
oder wegen der Explosion vorhin verschmolzne Globen.
Bevor ich aber nachsehn kann, wie nochmal genau Robben sind,
muss ich schaun, dass ich noch für etwas Worte find,
was ich schon recherchierte, aber nicht bedichtete:
Wie lang das Drama ist und wer es so einrichtete.

Sie seufzen schon: Zu lang! Und mir geht es ganz gleich,
doch durchhalten! Es hängt von Ihnen nicht
und nicht von mir ab. Wann das Ziel erreicht
ist, weisen Worte und das Drama. Riecht
hier etwas schon nach Drama? Nicht?
Es fehlt das Fräulein, fehlt auch die Verwandtschaft,
und ich frage mich eh, ob ich das kann, schafft
doch die Verwandtschaftspflicht genau die Art Probleme,
an deren Ende ich vorzeitig stehe und mich schäme,

weil ihre Handlungen mir meist unnötig lang
        und überhaupt recht unnötig erscheinen.
Schließlich bin ich immer erbötig, Zank
        zu schlichten mit dem Hinweis auf den reinen
        Verfall und mit sonstigen mehr abstrakten Peinen,
die zwar nicht schön sind, aber nicht verstricken in reale,
soziale Konflikte. Die sind mir abgeschafft mit der Kupferspirale.
Doch geb ich zu, so ziemlich alles Doofe
gliedert sich in Exposition, Peripetie und Katastrophe.

Im Allgemeinen wär es damit abgetan. Ob pur
        oder vermischt mit Eigenem, das Drama
ist zu erleiden. Es erfinden aber ist Tortur!
        Jedes Geräusch des Geists und jede Fama
        muss abgelauscht sein quasi im Pyjama,
doch darf man keines absolut betrachten, das wäre nicht recht.
Ursache-Wirkung bildet erst das richtige Geflecht.
Ein Wort haut das andere, dieses haut zurück, und dann
kommen noch mehr dazu. Wer dieses Kunststück kann,

wird heute eher, denk ich, Business machen wollen –
        auch, ja gerade wenn er humoristisch ist –,
denn ins Theater gehen nur noch abgepackte Stollen,
        und wer ein bisschen noch lebensphilosophistisch ist,
        hält sich auf, wo man Handys hackt und guten Fisch isst.
Theater ist heute in dicken Wagen, nicht auf Inseln,
wo neugierige Hippies Intellektuellenträume pinseln.
Ich habe keine Wahl, es wird hier wohl kein Drama geben,
weil dafür müssten mehrere Personen reden.

Wenigstens muss die Monologikerin, meiner Meinung
nach, in sozialen Beziehungen stehen, die sie quälen.
Tritt niemand auch nur in der Erinnerung in Erscheinung,
kann sie nichts tun außer die Stunden zählen.
Doch kann man freilich durchaus diese Unterhaltung wählen.
There is a film on every day, erinnert Art Garfunkel,
it's called »Morning, afternoon, evening«. Und dann dunkel.
Das ist auch alles, was mir vom Theater bleibt –
und wie der Durst sich langsam immer mehr an meinem Denken reibt.

O könnt ich aufwachen! Stattdessen werd ich lesen.
Robben zuerst, dann Immanuel Kant.
Erstere gibt es nicht. Dafür ein Meer diverser Seewesen.
Seebären sind, was ich bis jetzt -löwen genannt.
Seeauswurf, Seebader, Seebälle und Seeband,
Letzteres, denkbar, eine Art von Alge. Irgendwie gefällts mir.
See-Eiche, See-Einhorn, See-Elefant, See-Elster,
See-Erz, Seefähigkeit, Seefahrtsbuch, Seefahrtskunde,
Seefedern. Strophe aus. Ich mach noch eine zweite Runde.

Seefeld, Seefelder (Torfmoor an der Hohen Mense),
Seefenchel, seefertig, seefest, Seefestung,
Seefischereiverein, Seeflieger (inkludiert nicht Gänse),
Seeforelle, Seeforts (Küstenforts, siehe Festung),
Seefrachtvertrag, Seefrosch (= Seeteufel, keine Mästung),
Seefuchs, Seefunde, Seegang, Seegatt, Seegebiet,
Seegefahr, Seegefecht (ist heute: »please retweet«),
Seegen, Seegesicht (eine Luftspiegelungswirkung),
Seeglocke, Seegras, Seegräser, Seegrün, Seegurken

(= Seewalzen, Holothurien, Holothurioidea),
Seehahn, Seehandel und Seehandelsrecht,
Seehandlung (Salzmonopol für den preußischen Aktionär
aus Spanien nach Litauen und Polen, von woher
wiederum Wachse nach Spanien – nicht schlecht! –
und Zollfreiheit auf Schiffbauholz et cetera. Im weiteren
Verlauf borgte der Staat mal so viel Geld aus, scheiternd,
dass die Gesellschaft beinah pleiteging.
Sie wurde dann verstaatlicht und in eine reine Bank verwandelt.
Dann wurde über ihre Abschaffung dringend verhandelt,

doch wurde sie behalten, um den jungen Staatsbeamten
die Gelegenheit zu geben, sich mit dem Bankgeschäft
vertraut zu machen. Abgesehen von im Jahr über zwei Milliarden
Einnahmen.), Seeschafe, Seehafen, Seehaufen (schon wieder Geschäft!),
Seehecht, Seehöhe, Seehospize, Seehund (... nein! Pfui!),
Seeigel, Seeigelkaktus, Seejungfer, Seekabel, Seekadett, Seekalb,
Seekandel, Seekante, Seekarten, Seekatz, Seekatze (viereinhalb
Seiten noch), Seekiefer, Seekirchen, Seeklar, Seeklima, Seekofel,
Seekohl, Seekokos, Seekrähe, Seekrankheit (Nausea, nicht Skrofel –

ich meine Skorbut, also nicht das, sondern Nausea,
die, wie es scheint, mit fast allem, was man gern mag, zu heilen ist:
Alkohol, Morphium, Schokolade, Kokain. Barbiturate? Nä.),
Seekrebse, Seekreide, Seekreuzdorn (s. Hippophaë),
Seekrieg, Seekriegsrecht, Seekriegsspiel (was es zuweilen ist),
Seekriegswesen (Phöniker), Seekröte, Seekuh, Seekultus (Hetz),
Seelachs, Seelamprēte, Seeland, Seelau (bei Humpoletz),
Seelbachskopf – und, verkeilt am Grund von diesem Teiche,
plötzlich die Seele, wie eine Art Wasserleiche.

5

Die Seele. Es steigt auf von diesem Wort,
            gedruckt auf diesem Blatt,
eine Verschmelzungssäule, fast wie ein Geruch am Abort
(Die Moleküle, die erkannt werden, sind wirklich dort!)
oder wenn ruch- und strafbar wird ein alter Tort,
            den man begangen hat
vor tausend Jahren, längst vergessen wie die kleine Zehe,
nur im Register nicht; oder wie wenn ich sehe
en passant gespiegelt in Fenstern einen Schatten, ganz erpicht, sein
Gilet zu richten, *fett, alt, ungustiös* – und das soll ich sein?

Die Seele.   Was reg ich mich auf?
            Ich sollte froh sein, dass da noch wer ist.
Dass sie den letzten Tropfen meiner Gerste sauf.
            Noch wer, der mir den Sellerie vom Munde wegfrisst.
            Und dann weiß ich nie, wer mir nun am liebsten ist,
sie oder ich. Ach, jetzt schon schmieg ich mich um sie
wie um den Docht das Wachs sich, brenne nur durch sie;
sie flicht kunstreich das Wüten meines Wesens durch sich durch
gen Himmel, wo in Funken ich ende und ihn begrüße,

den immateriellen Träger der Konstellationen:
das Nichts! In dem so viele helle Sterne wohnen
            oder vergehn, wie ich – doch ruhig, nicht so schnell.
Die Seele gliedert sich, wies scheint, in Zonen,
            auch sie, und nur durch diese Trennung ist sie hell.
Wie Batterien. So stehts im Lexikon, wenn ich es richtig sehe.
Es ist das in mir, nämlich, was versteht – und eine jähe
Bewegung schreckt mich – und beim Lesen das Sieb,
das mein Verständnis hemmt: das Tätigkeitsprinzip.

Während das altbeseelte Lexikon herumscharrt,
sein Reich möglichst nach unten abzugrenzen,
nervös durchschifft die Enge zwischen Fechner und Descartes,
beschließe ich, die Lektion etwas zu schwänzen
und nach der Art des Malinowski zu ergänzen.
Umfragen müssen her! Ich muss mit Pflanzen reden,
mit Tieren, Pilzen und Ideen in ihrer Muttersprache.
Gespräche mit nach Kindbett duftenden Reseden!
Sie welken. Ich verstehe. Und schwöre ewige Rache.

Ich rieche am Artikel, während ich ihn lese. Er
erwähnt Materialisten auf eine gewisse Weise.
Voller Verständnis, Nachsicht gar erzählt völligen Käse er.
Man stelle sich vor: eine abenteuerliche Reise,
erzählt von einem seit Geburt bettlägerigen Greise.
Ich weiß plötzlich: Seele ist Besserwisserei. Unsichtbar
im Boden stimmen Mikroben zu, singen: »Dunstig war
uns immer unser Selbstbegriff, du sagst es aber,
o Königin! Schluss mit dem müßig-mystischen Gelaber!

Jetzt ist es raus. Das Weltgeheimnis ist gelüftet.
Jubelt, Reseden!« Das macht mich doch stutzig – »Halt«,
ruf ich, »ihr seid Opportunisten. Ganz und gar zerklüftet
sind eure langen Zungen. Schweigt ihr bald?
Ihr teilt euch modisch, und euch lässt die Wahrheit kalt,
Mikroben. Heftet ihr euch an meine Fersen, zertret ich euch!
Mir weiter zuzustimmen so übertrieben, verbiet ich euch!«
Die Mikroben verstummen, und verschämt erbeben,
hoffend auf Nachsicht, die weiterhin duftenden Reseden.

Ich muss an Tote denken. Ich weiß nicht warum.
Für mich sind alle tot, ich komme ja nicht hin,
sag ich mir. Dennoch freue ich mich wie ein Trumm
über sie. Denn nachdem sie lange aus dem Sinn
mir, während ich las, fielen, sind sie wieder drin
durch die metonymische Infrastruktur in meinem Gehirn
aus Metrum, Reim, Denotation und etwas Zwirn.
Über ihr Fernsein freue ich mich dumm und dämlich.
Es ist, merke ich, meinem eigenen doch ziemlich ähnlich.

Da lern ich noch ein Zweites über Seelenkunde
oder genauer: über Sympathie.
Die Seele ist empfindlich ja wie eine Wunde,
und während man an ihr herumtut, weiß man nie
(genausowenig, übrigens, wie sie),
was angemessen, was lustvoll wäre, wenn ich es denke.
Sie muss sich nicht entscheiden, etwas wie ein Knie sich
mal hier-, mal dorthin biegt. Doch anders als Gelenke
kann sie zugleich verabscheuen und lieben. So genieß ich

sowohl ihr Mitleid wie auch dessen Vorenthalten.
Nachgeben gilt aber zu Recht als Ausdruck grenzenlosen Hasses.
Man kann die Seele freilich nicht mit der Vernunft verwalten,
weil die Vernunft für sie nichts als ein großer Spaß ist.
Wenn nicht, dann würd die Seele sagen: »Lass es.«
Du kannst einer Pflanze nicht sagen: »Halt das Handtuch!«
Wenn du sie nicht zur Stange machst, musst du sie nehmen,
wo sie zufällig einem Handtuchhalter ähnelt. Seele, Buch
des Zufalls, kannst du töten mühelos, doch niemals zähmen.

Doch, bisschen schon. Dies Zähmen nennt man Lesen.
Wozu auf Inseln? Wegen Überleben.
Wozu dann überleben? So was fragen auch nur Seelen.
Es wird ja wohl ein Leben nach dem Leben geben,
sagt man so. – Ich will aber dieses leben.
Wer weiß, als was ich wiederkomme – als Reseden?!
Gar immateriell? Als Patent? Als Tsunami, als Erdbeben?
Womöglich als Baby, und das erfreut mich wenig,
ich war beim letzten Mal schon so vergrämt,

ein zweites Mal will ich mich nicht in Windeln sehen.
Und wenn ich gar auf einem anderen Planeten
wäre? Auch wenns so scheint: Ich kann nicht wirklich wählen.
Nicht komm ich an gegen alle, die beten,
und das Gedränge der ganzen Homos, Transis und Heten,
die alle anders sein wollen und auch schon genau wissen,
was sie im nächsten Leben besser machen müssen.
Dies allgemeine Streben nach weniger Streben
motiviert mich nur, deutlich weniger dafür zu geben.

Substanz, ja. Sie ist ewig, weil, sie ist nicht ausgedehnt.
Der Punkt des Seins. Es ist ein wenig dunkel.
Es ist, als wär die Tür des Tages angelehnt
geblieben, ich, ein Abendonkel,
lausch meiner Nichte nächtlichem Gemunkel,
während sie einschläft. Lieb ich diese Insel schon?
Ich lauf in sie hinein. Der Himmel ist ein Dom,
am Boden aber lauern Schlingen. Ich fall hin
und lache. Teufel auch, wie schnell und flach ich bin.

6

Aus dem Gebüsch langt, wie aus einem Zelt,
die Gräser nicht bewegend mehr als leichter Wind,
die Hand des Bürgermeisters. Wer auf seinen Wegen fällt,
wird aufgehoben hier in Hegelland
und ist den Göttern als Syntheseopfer zuerkannt.
Es ist nämlich die Insel, wo ich hingekommen bin,
die klassische Verbannungsinsel vom Prospekt.
Das geht zurück auf einen Abenteurer Wonnekind,
der hier strandete, nachdem sein Kompass defekt

geworden war. Der Navigator war da an Malaria
erkrankt, Wonnekind stand an Deck und rechnete
Sterne mit Winkeln, plötzlich war er da,
wusste es noch nicht, da er in die Sterne sah
und in sein Buch, das die Andromeda
als Herrn und Knecht bezeichnete,
weswegen er besorgt die Stirne runzelte,
ahnend, dass der Weltgeist über sein Rechnen schmunzelte,
dennoch nicht anders wissend. Wippte dann,
sodass sein Boot ein Stückchen mehr kippte im Sand.

Und da erst merkte er, er war an Land.
Das Palmenrascheln war tatsächlich auffällig,
doch wie es manchmal ist, unter der Hand
schleicht sich neue Geräuschkulisse an, und dich
erreicht es spät. Wonnekind sah: Recht baufällig
war sein Erkenntnismaterial, löchrig, und kalt
ließ seine Lektüre die Welt, so neu und alt
zugleich. Er nahm sich vor, Hegel mit Empirie
zu panschen. Eingedenk des Minusendes einer Batterie

baute der Dialektiker Tiefstapelhäuser
    mit seiner Mannschaft, welche Quäker waren,
wo sie zusammen schliefen, schweigsam wie Kartäuser.
    Und es geschah, dass bei ihnen drei Drucker waren
    und zufällig auch etwas dicker waren;
so bauten sie die weltweit erste Säulenheiligenpresse,
verbindend Askese, Gewicht und die heilige Messe.
Anstatt zu lesen, druckten sie. Wenn sich die Seelen schüttelten,
entstanden einzigartige schartige Buchstaben. Aus Kutteln und

Datteln wurde ihr Messwein hergestellt,
    den sie über die Säulendicken gossen,
wodurch diese, erhöht über die Welt,
    dem Himmel sukkulentengleich entgegenschossen,
    erhaben, langbärtig, selbstlose Philosophensprossen.
Sie dienten bald als wirkliche Antennen,
sie konnten aus dem Äther Botschaften erkennen
und blieben technisch so ziemlich auf dem neuesten Stand,
wenn auch der Chef nicht immer alles ganz richtig verstand.

Die Insulaner bauten also viel Gerätschaft nach,
    ein bisschen anders als im Rest der Welt.
Schon mal versucht zu zeichnen nach
    Diktat? Kaum stehn drei Ecken, fällt
    auf: Auf bizarren Felsen steht dein Zelt.
Und wenn einen dann niemand korrigiert,
kanns sein, dass man die Maßstäbe verliert
und Riesenbommel, Mikro-Ohren malt, der Radius
zum Ei oder zur Gurke schwillt. So wird Technik durch Radios

vermittelt – Hauptsache, es funktioniert. Und blind
entstehen Wasserwerke und Enzyklopädien.
Wie ein Wahnsinniger erzeichnet Wonnekind
sich ganze Webereien und Kupferindustrien,
auf Vögel zugeschnitten. Auf den Knien
war er, um unter dem Hochofen nach dem Lurch zu sehen,
da hörte er von lexikontragendem Schritt die Erde beben
und schaute nach, was los war. Ebendas war ich. Und Wonnekind
hält mir mit ausgestrecktem Arm ein Handtuch hin.

»Gestatten, Wonnekind«, sagt er auf Deutsch zu mir.
»Schuss-in-die-Luft«, stell ich mich spontan vor.
»Wie kommt es? Sie, deutsch sprechend, ausgerechnet hier?«
»Ich bin schon länger hier. Kam mit dem Schiffe ›Vorhangvor‹
vor ungefähr vier Jahren. Man verliert das Ohr
für Zeit«, entschuldigt sich der sehr kompakte Mann
mit einer Bartfrisur, die ich so gar nicht orten kann,
etwas von Steampunk und von Art-déco,
»Sie sind ja nass«, ruft er, »Nehmen Sie – so …«

Er streckt so komisch, denk ich, als ich nehme
den Frottee und mich frage, was ist nass
an mir? Zu spät. Zwischen zwei dünne lange Zähne
in einem Ring gerät mein Rumpf. Ich fühle, dass
ich ins Gebüsch mitkommen soll. *Dort* ist es nass.
Die Ahlen neben meinen Brüsten scheuern mich und zwicken.
Den kahlen Schädel Wonnekinds darf das Handtuch bedecken.
Wir nehmen einen schmalen Pfad. Ich denk an Zecken.
Und sag zu Wonnekind: »Ich hab ein Konversations-Lexikon!«

MENSCHENFÄNGER

»Ach was«, sagt er. »Ich möchte Sie nicht kränken,
doch wenn Sie wollen, kann ich Ihnen hundert schenken,
wir produzieren jeden Monat eins,
um unsre Fortschritte zu preisen und zu lenken …
Es sind nicht unsere …« »Du meinst«,
versuch ich den Experten gut sprechen zu lehren,
»es sind noch mehr außer Ihnen, die hier verkehren?«
»Ja, sehr viel mehr«, sagt er. »Götter und Männer.
Noch keine Frau. Wir nennen uns Bekenner

des Quäkertums. Doch haben wohl das Urteil
verloren, ob es Quäkertum ist, wie mans kennt.«
Er schüttelt sich verlegen, dabei mein Tortur-Teil
und mich intimisierend. Eines meiner Haare klemmt
nun auch noch zwischen Ringstab, Haut und Hemd.
»Sie können mich auch freilassen. Ich lauf nicht weg«,
sag ich. Er hebt den Ring, ich rühr mich nicht vom Fleck.
Er hält mich fest am Arm und schaut mich prüfend an.
Ich habe seltsam wenig Angst vor diesem kleinen Mann

mit den vergnügten leberfleckenzarten Hände-Rücken.
»Wie viele sind Sie?«, frage ich. »Wohl zwei-zehn Wechsel.«
Ich: »Wie bitte?« Er zwingt mich, mich zu bücken
mit ihm, und zeichnet eifrig ein Gekräxel
in den Sand. Ich zähle zwanzig Kreise, sechs »l«.
Da fällt mir ein, wie die Linguisten schwärmen von Verwendern
von Sprache in sehr isolierten Ländern,
bei denen der Wechsel zur zweiten Zählhand bildet
das Wort für sechs. Herr Wonnekind ist still, hebt

die Arme gegen den Himmel in einer Art von Schwimmbewegung,
wobei er plötzlich schaudert und erstarrt,
wie eine Maschine, die, sonst in Dauererregung,
beim Zum-Halt-Kommen schlingert und beharrt
auf einem letzten Sprung, als ob die Wart-
ung sie umbringen könnte. Dann fängt Wonnekind an
zu wackeln und zu kreisen heftig mit dem Hintern
und stimmt, recht melancholisch, eine Art von Singsang
an, dass ich vor Ehrfurcht anfange, stark zu zittern.

Es wundert mich nicht, dass ich seither Worte kann,
die sicherlich niemals der Frau gehörten,
die ich war, als ich herkam. Ach, ein kleiner Wahn
ist sowieso, dass man Wörter besitzen kann,
aber man kennt sie doch, von unerhörten
Lauten sind sie deutlich zu unterscheiden, wenn
die Nerven des Gehirns noch die gewohnten Bahnen
frequentieren, wahrscheinlich ja, um immer Kraft zu sparen,
damit, wenn ein guter Gedanke kommt, von brennendem

Antlitz, alles neu brennend – wenn auch nach und nach,
nicht systematisch, sondern eben wie es kommt
beim Brauchen des Gehirns, man denkt ja, wenn man nach-
denkt, nicht an alles, was man kennt, zugleich; gemach
kommt so grade das Neue, das verstörend aromt.
So dient die Überzeugung, zu besitzen, der Festigung
des Status quo und auch, damit das Neue nicht von lästigen
voreiligen Versöhnern infiltriert wird, die begrüßen
Revolutionen – wodurch diese ihre Kraft einbüßen.

7

Das Drama ist im grässlich langsamen Olymp
die einzige vernünftige Unterhaltung.
Und immer wenn Aufklärung Ordnung ins Gerümp-
el bringen will, kommt schnell noch zur Entfaltung
ein alter Strang von früher, quasi Random-Schaltung.
Pallas Athene kämpft, aber sie weiß im Grunde doch, dass
Menschen in Weisheit nur mehr vegetieren. »Lass
die Götter immer ihre Formen wechseln«, riet einst einer,
den wirklich niemand mehr kennt, »und die Welt ist feiner.«

Die Dummen haben sowieso nahe null Gottverschleiß,
sie werden aber schnell öd zu beobachten.
Es muss also mindestens alle Jahrzehnte ein neues
Kollektivphänomen die besten Denkergirls und -boys
mit Umdenk-Anreizen vom Selbstmord abhalten. Sie achten
zwar immer auf das Falsche, doch gerade das
macht ja das Lustige am Denkerdrama aus – ein Pass,
und alle laufen in die falsche Richtung noch;
sie ändern sich – da wird der Ball zum Loch.

Und so weiter, im Paradigmenwechsel
sehen wir kurz den Äther,
wie zwischen den Dias, beim Diawechsel,
ein Aug. Wir denken, später
werden wir den Betrachter näher kennenlernen,
und konzentriern uns auf die Show, ohne zu merken,
dass, wie in einer Peepshow, der Betrachter wechselt
und doch immer sich ähnlich ist, verstärkend
das unwohle Gefühl, dass wir nichts ändern werden,

wenn nicht uns selbst in den Bildern, die bleiben,
        im Kosmos irgendwo. Ob wir uns kratzen,
baden, streiten, Gesicht machen beim Leiden,
        der Augenblick amalgamiert Substanzen
        zu unendlichen Schichten von Irrelevanzen,
doch alles ist da. Immer. Bäume, Sträucher, Fliegen,
irr viele Muster fliegend. Eidechsen und Ziegen
und Geister der Musik und Geister der Bewegung,
die sich einschleichen noch in die durchgeplanteste Regung.

Durch die Bewegung nur meint einer zu verstehen
und versteht nichts mehr, bleibt er einmal stehen,
        deswegen wippen manche Leute gern,
anstatt stillzusitzen, und sind somit im Wehen
        des Kosmos drin, quasi kosmosintern.
Trance erfasst Wonnekind, und ich weiß selbst nicht mehr,
was Stimme ist, was Körper, seiner, meiner, wer
wen antreibt, wo wir sind. Und wie um ein Kunstlicht die Falter
der Nacht kreisen Geister um uns als der kühnsten Ideen Halter.

Ein Geist scheint mich zu kennen, zieht mich quasi an.
        Doch rase ich nicht mitverzückt gen Himmel,
mir scheint, ich bin, viel ernster, sein festes Gewand.
        Ein Geweih wächst mir jetzt, ein Riesenpimmel
        statt eines Beins, das andere wird Stummel
und Fischschwanz. »Wolperting-Meerjungfrau-Herme!«,
ruft Wonnekind entzückt und fasst in mein Gedärme
mich unter, drückt den Kopf in das Fell, goldig, meiner Wände,
schultert mich und trägt mich ein Stück des Wegs. Zu Ende

ist freilich seine Kraft bald. »Warum ist Gott schwer?«,
seufzt er mit Lachen, das mein Herz erwärmt –
obs meins, obs dieses Gottes ist, weiß ich nicht mehr.
»Wir haben alles ja von dir gelernt,
Hermes Wolperting.« Und zärtlich entfernt
er ein paar Zweige von meinem Geweih und blickt
mir schüchtern in die Augen, die in meinen Kopf geschickt
gebohrt sind wie Schießscharten, dass man sehr gut sehen kann,
ohne den Kopf zu rühren. Und jetzt fangen Wehen an,

die mich, vorhin am Wegrand hilflos durcheinander
abgestellt, ordnen, was eine Pose gebiert,
ähnlich wie mit Muskelzuckungen eine Schlange
sich, wenn sie schlafen möchte, um den Ast drapiert;
wie Zahnpasta als Pendel sich als Schwingmuster markiert.
An meiner Schwanzflosse, übrigens wie ein Igel
befellt, nicht schwarz, sondern weiß wie der Spiegel
des Rehs, öffnet sich nun ein großes Loch, ein Tunnel
in mir, in den Wonnekind kriecht wie auf dem Rummel

ein Kind, das sonst doch Scheu vor solchen Dingen hat,
durch das Kostüm und bunte Narrativ
die irrsten Apparate nutzt und keine Angst vor dem Gelingen hat
des Schreckens. Diese quasi Palliativ-
Wirkung der Schön-Erhabenheit sitzt tief,
merke ich, denn nicht nur erlaub ich den geschmeidigen
Vorgang von Wonnekind durch mich – sogar verteidigen
würde ich, was hier los ist, vor Passanten. Die verstehen nicht:
Das ist wichtig, das ist Kultur. Ah! Ah! Kommen die Wehen dicht!

HERMES WOLPERTINGER

Wonnekind hat jetzt mit der Hand die Schwelle
erreicht, wo meine Taille innen eine Stufe
aufweist. Dort ruht er kurz. An dieser Stelle
ists wie in einem Gasometer. Rufe,
und in der großen Halle gellen deine Rufe
im Zickzack um dich rum. Von hier geht los ein Gang
(man kanns schwer abschätzen, aber er ist nicht lang,
obwohl er so aussieht, da hell ein Punkt im Dunklen fotogen ist,
das Auge täuscht), mit sanften Treppen ansteigend in meinem Penis.

Am Ende angekommen, schaut Wonne durchs Fensterchen
und sieht die Welt, die er eben verließ,
gleißen in greller Hitze, die Ziegen aus ihren Becherchen
trinken, sieht sie ausscheiden ihren Milchgrieß
und eine Kobra ihn sorgfältig falten in ihr Vlies
und in die Kühlgrube hinuntertragen, treppab fließend
mit Eleganz, scheinbar jede Stufe einzeln genießend.
Wonnekind legt die Stirn ergriffen auf die Schwelle
meiner Leere. »Hermes Wolpertinger, du Quelle

sinnlosen Glückens, sieh, wie alles funktioniert!
Wie alle, Ziegen, Kobras, Sträucher, nuckeln an der Welt!
Du hast uns durch dein langes Nichtdasein gelehrt,
dass alle alles Schöne lieben. Wie ein Zelt
spannt sich die Schönheit! Wie sie uns gefällt!
doch nun –«, Wonnekind hält inne, und kühl
ists plötzlich in der Höhle, »bietest du mir Pfühl
und Blick – was soll es heißen? Warum bist du hier?
Ich fürcht, es heißt nichts Gutes. Was willst du von mir?«

Nun muss ich etwas wissen. *Трудно быть богом.*
Doch wunder ich mich selbst über die Welt.
Das ist es vielleicht. Von wie weit ich runterkomm,
angstlos, da fliegen könnend. Nicht zerschellt
Hermes beim Sturz, sondern bald schon erzählt
er neue Schwänke über alles, was er weiß, und wenn
die Zeit für eine Pointe kommt, der Zahltag sozusagen,
verschwindet er, kapituliert. So geht was weiter. Denn
die andern denken immer nur ans Resultat und klagen.

Ich krach zusammen, werf den Bürgermeister in die Luft,
als wär ein Wasserstrahl grad aus dem Boden
gekommen. Und er taumelt oben in der Luft,
kehrt um und nähert sich rasant dem Boden.
Indessen spür ich plötzlich, meine Hoden
sind kilometerbreite Pilzgeflechte in der Erde; etwas
an ihnen richtet sich aus auf die Stelle, wo ich bin.
Es kommt auf, es wird stärker, bunt ist es und sichtaffin
allem und skeptisch, zärtlich, mutig: des Zepters

Inhalt. Der Boden bebt, und schwellend drängt ein Kabel
sich zwischen uns nach oben durch den Sand heraus.
»Das Internet!«, ruf ich. »Ich kenns!«, sagt Wonnekind. »Mein Nabel
ist der *noeud* des Netzwerks, aber weil der Nebel
des ewigen Danebenseins uns schützt, sah es so aus,
als wär nicht ich der Mittelpunkt des Datennetzwerks immer.«
Ein schlichtes Phänomen, so wie Asphalt Verschwimmer
der Luft ist, Zeit des Kapitals Verschwender,
der Mensch, schmeckend, zögernd, dieser Schwemme Verwender.

Kein andres Tier träumt so beharrlich von Ökonomie.
Optimierung ist seine Haarschleife im Weltall.
Die andern Lebensformen fließen so dahin,
der Mensch schreibt alles noch auf einen Zettel
und rechnet vor sich hin den ganzen Bettel.
Doch sehen immer wieder Informatiker und Spinner
dies eh wieder als das alte Naturspektakel.
Wie Fische schwimmen, Aale zielen, wackeln Dackel,
rechnet der Mensch, und die Schönheit ist der Gewinner.

»Warum«, fragt Wonnekind, »war Internet dann immer
so hässlich?« »Falsche Seiten warst du«, sag ich.
»Werbebanner«, schimpft er, »Internet der Dinge, die Spinner.«
»Ich weiß nicht«, sag ich, »an sich, Spinner mag ich.«
»Nicht die ich meine, die sind wirklich kackig«,
sagt Wonnekind. »Ach, diese meinst du«, lach ich.
»Die hören alles mit«, fällt ihm jetzt auf, und schneller
als ich kapiere, was er meint, hat er fünf Drähte
an den fünf Fingern, steckt sie in die Kabelnähte,
wo sich sofort die Daten buckeln, sich verschlüsseln. Ein gellender

Schrei kommt urplötzlich aus dem Kabelende.
»Das ist der Datensammler«, sagt mir Wonnekind.
»Es tut mir leid, das sind ja arme Hunde,
die da herumkräulen müssen, im Grunde
auch harmlos, denn die wenigsten von ihnen sind
treu, nein, vielmehr ineffektiv; es sind meistens Chinesen,
und die sind gut darin, nicht den Blick für das Wesen
der Sache zu verlieren, grade bei Verbrechen,
und haben ihre eigenen Agenden.« »Bitte nicht abstechen«,

ruft eine Stimme, »wisst ihr, wer ich bin?«
        »Wer bist du denn?«, fragt mein Begleiter vorsichtig.
»Mein Name: Pan Orama«, ruft es von im Kabel drin.
        »Dann ist, dich zu verschonen, mir doch nicht so wichtig.«
        »Warum nicht?« »Meine Gründe sind nicht richtig,
mir gehts um die Ästhetik meiner Konstruktion, und du
hast schon ganz gut gelebt – was machst du hier im Kabel?«
»Ich habe Klons gemacht und bin verrückt geworden. Zu
künstlich, zu gut. Mein Wesen ist nur eine Stimmgabel

für die Entscheidungen, die niemand trifft, sie werden selbst –
        ich meine, treffen sich zu einem Kreis,
der immer kleiner wird, enger, verstehst? Du welpst
dich aus dem Rechner, schüttelst dich und bellst
        und machst dadurch die Eisenbörse heiß,
und wenn du Toast isst, steigt ohne Zusammenhang der Preis
von Soja, und die Republikaner kriegen Ideen wie Wolken,
die sind ja auch nicht mehr, ich meine, bei dem weißen Mais,
den wir bewässern mit riesigen Pilzwassermelonen,

die wir zur richtigen Zeit mit den alten Drohnen
        beschießen, sodass all die alten Esel,
die auf den Feldern stehen, mit Gebrüll belohnen
die Erde für das Gras, das sie ihnen gab, Bohnen
        und Disteln, und – ach ich erzähl
zu viel, ich wollt ja nur sagen, entführt mich doch,
es macht mir nichts aus, und die anderen
machen das schon, es bleibt in solchen Bahnen,
dass nichts sich ändern kann, ich bin ein schwarzes Loch,

solang ich dort bin. Mit euch will ich leben
        und sterben, wer ihr seid,
ist mir gleichgültig. Ich seh glänzen eure Reben
und will nach dem perfekten Weine streben
mit euch im Einklange. Wer seid ihr denn, als Erben?
        Seid ihr für die Synthese der Wahrheit,
        die wie ein rätselhafter Schmerz kommt, schon bereit?«
Wir hüllen ihn in laubgleiche Gewänder
und weihen ihn dem Totsaufen sogleich
und taufen ihn mit Wein und weinen alle, bleich
vor Rührung. Chöre, Joghurt, »Oberster Verschwender!«,

küssen wir seines Laubgewandes Ränder
        im Unernst, dann besinnen wir uns wieder.
»Uroma, wie steht es mit deinem Gender?«,
        frag ich ihn, etwas Konversation zuliebe.
        »Ich nenn mich Mann und singe Frauenlieder.«
»Uroma, warum hast du denn so schöne Hände?«,
fragt Wonnekind. »Damit ich sie verwende.«
»Scheiß Polit-Fritz!«, sag ich, »kannst du die Fliege machen?«
Er spielt ein Lied auf seinem Reißverschluss. »Na du machst Sachen«,

sagt Wonnekind missbilligend, »lass uns jetzt weiter, kommt!«
        Er hakt sich bei uns beiden unter,
doch von Orama kommt ein Quieken: »Don't
touch me, only talk to me with your tongues, or I won't
        drink any of your wine.« Und munter
gehn wir zu dritt in Richtung der Heiligenpressen,
die bald, als der Bewuchs nach hinten links wegfällt,
zu sehen sind. »Da: die drei Stewardessen«,
tauft Orama scherzhaft das hohe Dreigestell.

Wie wir so gehen, bin ich mir nicht sicher,
ob ich noch immer Hermes Wolpertinger
bin oder nicht. Er scheint mir ja viel icher
als ich, zieht aber dafür wahrscheinlicher
Arschkriecher an. Vielleicht ist ja geringer
diese Gefahr bei Quäkern, solchen mit drei freien Pressen
zumal, doch vorerst kann ichs noch nicht wissen.
Ich frag die andern andauernd, ob ich auch richtig gehe,
und schau, ob ich mich nicht in den Luftspiegelungen sehe,

vergebens. Wir sind da, und ich weiß immer noch nicht,
ob ich ich bin oder der Phallusgott.
»Mein Gott!«, ruft plötzlich Wonnekind, »wir haben doch nicht
vergessen, das Kabel –«, denn es folgt auf uns dicht,
wie letscherte Soletti, ein verwirrter Malus-Pott.
Es schwankt, und Salze quillen aus Rissen in der Umschalung
der Stränge, und, wies scheint, zur Untermalung
schenkt es sich uns für unseren Weg auch noch als Beschallung:
alles, was Talking-Heads-Fans mögen. Das ist eine Ballung

aus dem Bizarrsten, was das Netz zu bieten hat,
Punk-Hörkultur, aus miniskülen Speakern:
Es ist so, wie wenn jemand an den Ohren Nieten hat,
vertraut indessen nicht mal den Löchern in seinen Sneakern.
»So bleibt man frei von unerwünschten Tweakern«,
erklärt das Internet und lächelt uns gewinnend
an, von einer zur nächsten unsicheren Fresse.
Freundschaftshygiene zwischen unseren Fingern zerrinnend,
klopfen wir ihm kameradschaftlich auf den Rücken. »Nun zur Presse!«

NA-PRESSE!
ohne Datum
Hrsg. vom Freien Denkverein unter Leitung von Helmut Ulmenauer
• Frau am Strand gefunden (tot)
Krebse erröteten!
Wir sind alle verblüfft über die offenbar über Nacht angeschwemmte weibliche Wasserleiche am westlichen Strand. Unser Kabelmeister Johann Wirsing hat sie heute morgen gegen 8 Uhr gefunden, und bald waren wir alle am Strand. Sie stinkt fürchterlich, einige Gerüchte über Frauen somit bestätigend.
Fortsetzung S. 2/3
• Kabelbrand hinterm Ofen – Wer ist schuld? S. 4
vorher
nachher
• Verein der Kryplomerienfreunde zum letzten
Kampf bereit: „Wir lassen uns nicht dezimieren!
– Die Verminderungsforschung läuft hochtourig auf beiden Seiten!
S 9-10 Spezial
– Neue Hierarchie im Verein S. 2
– Kryplomerien – Fakten S. 8

Oben: Verein der Kryptomerienfreunde in neuer Hierarchie.

Unten: Die Frau

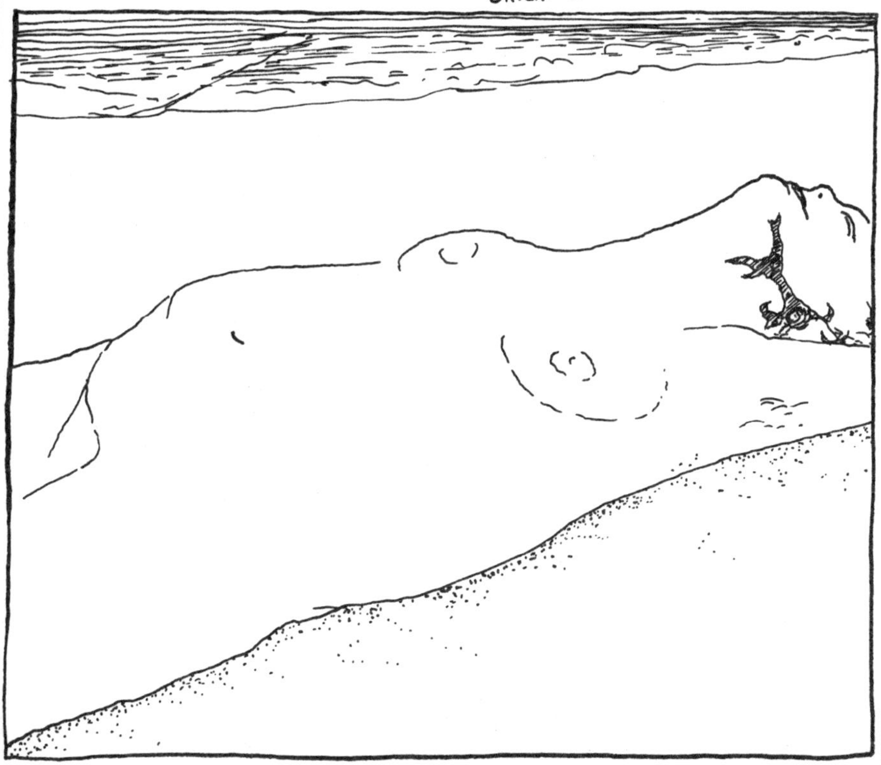

10 Fakten über Frauen und Wasser !!

- Frauen müssen ca. 3 L Wasser pro Tag trinken, um gesund zu bleiben.
- Frauen gehören zu den Säugetieren. Allerdings können sie auch schwimmen lernen. Dort, wo sie in langen (schwarzen) Gewändern leben, geschieht dies meistens nicht, es ist zuumständlich. Es können aber auch nicht alle Männer schwimmen, wie wir wissen.
- Ältere Frauen bekommen gelegentlich Wasser in den Beinen. Dies liegt an einem gestörten osmotischen Ausgleich, weil das Blut sich nicht genügend verausgabt, um auszutrocknen. Wenn sich Frauen regelmäßig aufregen, kommt das Problem nicht vor. Aber ältere Menschen neigen fatalerweise dazu, Konflikten, aber auch übermäßigem Vergnügen aus dem Weg zu gehen.
- Manchen Weisheitslehren zufolge gelten Frauen als sanft und anpassungsfähig, und dennoch in der Masse mächtig und gefährlich, wie Wasser.
- Aus Mangel an Frauen erfanden Seeleute die Meerjungfrauen. Sie wurden aus Teilen von Haifischen oder Rochen zusammengenäht und verschmolzen in der Mythologie mit den Sirenen, welche aber original vogelförmig sind.
- Undine, Ophelia, Brecht, Woolf – die Verbindung zwischen Frauen und Wasser ist unübersehbar. Finden wir alle unsere wahre Seinsweise erst im Tod?
- Für uns relevant: Eine Frau verwest im Wasser wesentlich langsamer als an der Luft. Das Salz unseres Meeres tut sein weiteres zur Konservierung der Frau. Ihr Körper bildet beim Verwesen mit dem Wasser eine seifenartige Substanz – praktisch, da sie sich nicht mehr waschen kann von selbst.

- Feucht wird das Geschlecht der Frau, wenn sie uns sieht, heißt es; auch ihre Augen werden feucht. Der Körper besteht aus 70-75% Wasser, die Liebe aus 50% Körper, sodass man sagen kann, dass die Liebe aus $35-37\frac{1}{2}\%$ Wasser besteht.
- Aphrodite, Schaumgeborene, wir erwarten dich und schlagen schon einmal viel Schaum!
- DER REST – MYSTERIUM

Zÿ-Prössö.

MÖNTÖG – JÖDÖN TÖG MÖNTÖG, – NÜR MÖNTÖGS

KRYPTOMÄRIIIN,
KRYPTOMÄRIIIN,
KRYPTOMÄRIIIN!

WABBL-TROUBL …
ZU BLÖD: ALLÖ WOLLN MAL …

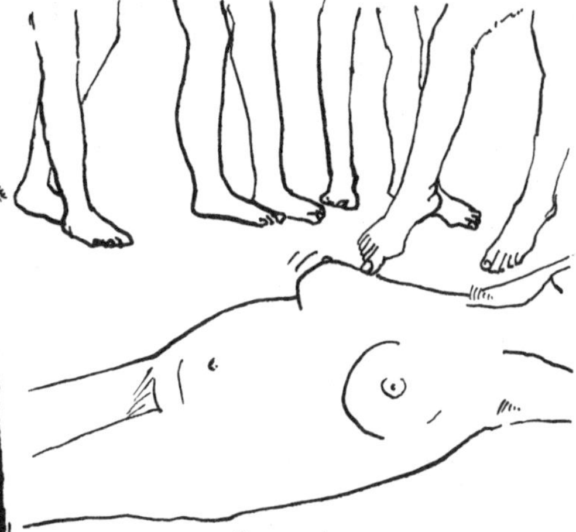

Frau am Strand —
blaad or nur lang
im Wossa?

Untr Hälft vom Blatt in
Noo-Gyorgisch!
(if you know,
act lik' you know …)

"სტრუქტურალიზმიზმი
თანახმად, Jakobson, განიხილავს,
როგლენებს, როგორც სტრუქტუ
რას მ თეორიანალ და გამოვლენა ს-
ატიკური და დინამიური კან
ონები ამ სისტემაში." (ამ ლექსად
სიტყვის პოსტერის შენელო
ლოგმები ფუნდამენტალური
რი ენაზე. თავის ნაშრომში
Jakobson ასევე ენებს ნმეორად

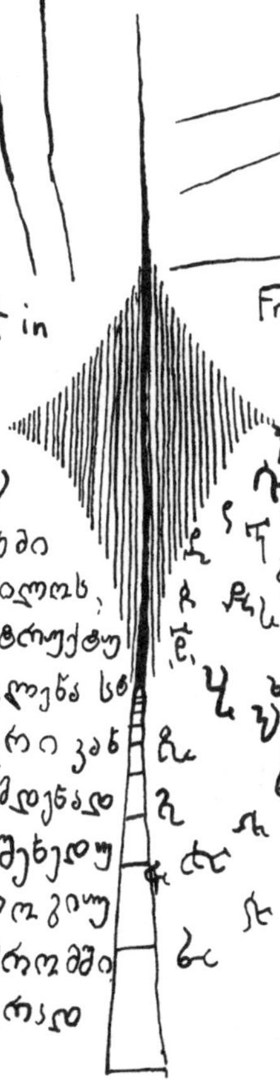

(dicoratif)
Untr Hälft vom Blatt: Tigrinya

WISCH - BLATT
NA - PRISSI
DI STICKDOSI DIR ZUKUNFT
DI LITZTI VON DI REDAKTION
WARUM DRUCKN DI ANDRN PRSSN VRNIDLICHT NOSTALGIGTRÄNKT LÄNGST KAPUTT MRHFACH STCKR ?
SIT 3
FORTSCHRITT
NAHE ZUKUNFT
"B"
GROSSE VIRRWIRRUNG
FORT SCHRIT
WIR SIND HIER
RITT
DR ZUKUNF
NIMM EIN LINIAL!
HALTS MAUL, DOESBURG
"A"

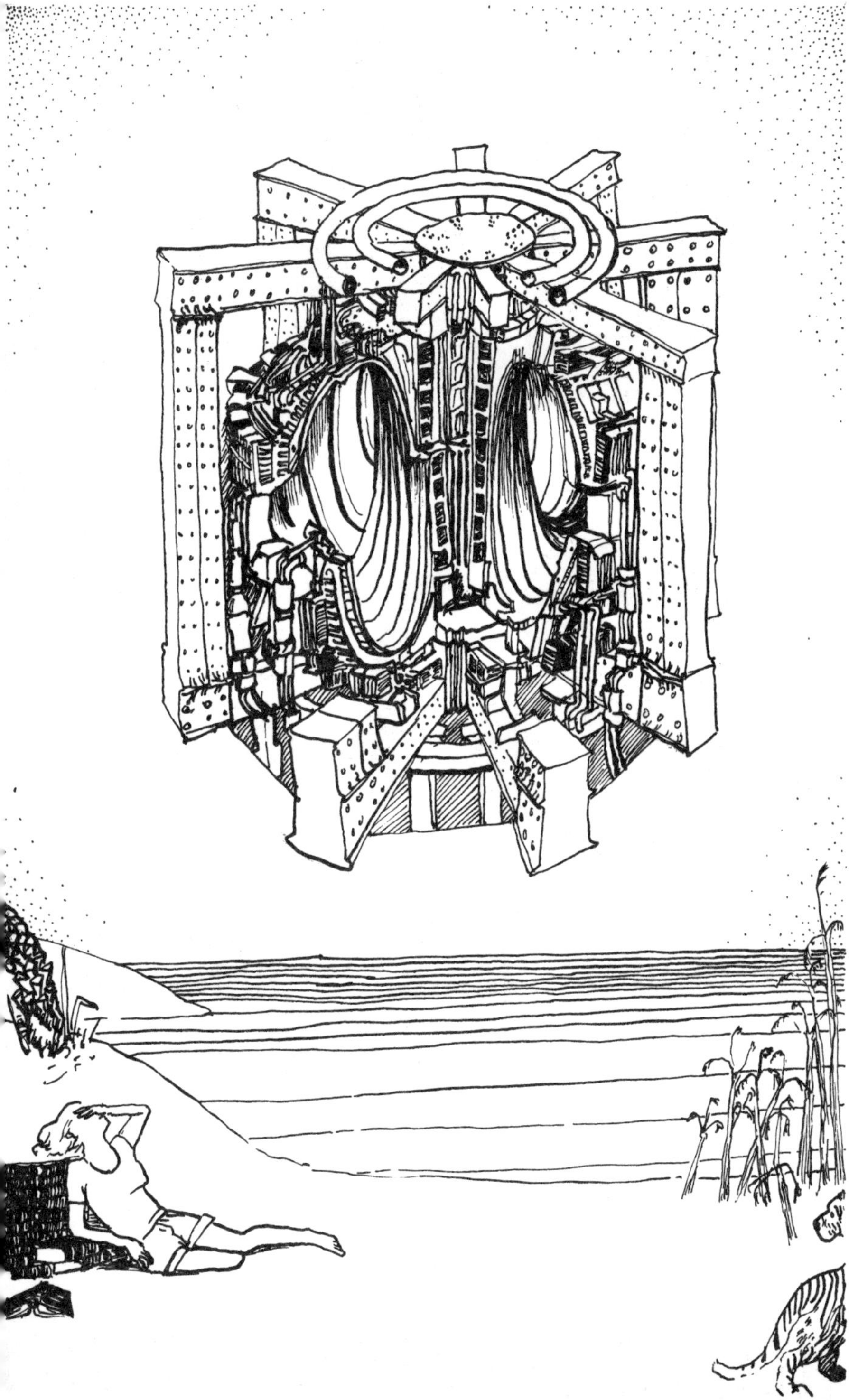

SEITE 2/3
HEUTE : FRAU AM STRAND

↑ Finde 6 Unterschiede zwischen einem Kaninchen unter Strom und unserer liegenden Frau!
Unser immer Schaulustiger Klempner Max übergibt sich nach dem Anblick der toten, aufgeschwemmten Wasserleichenfrau.
Redaktion der Zy-Presse tut nichts.
Johannes, wie immer sozial

Unsere Schildkröte gleitet sinnend durch die grelle
Oberfläche. Woran...? Sie denkt. Ein Pflock steckt
mit breitem Leib labend sein Sein in der Ironie
des grünen Schlamms, reglos, sehr schwarz.
Unsere Schildkröte hat ihm den Rücken gekehrt,
und weiß doch genau, dass und wie er da steckt.
In die andere Richtung unterwegs ist ein großer
Fisch. Als er mit der Rückenflosse so aus dem Was-
serwächst, dass es die Algen hebt, berührt warme
Luft seine Häute, fährt unter die Schuppen gera-
dezu, erinnernd ihn an die völlige Heiterkeit
des Todes.

8

Na-Presse, Zy-Presse und Wisch-Blatt heißen
die Säulenpressen. Wonnekind erklärts.
»Na-Presse ist Naive Presse. Sie ist rechts, da beißen
alle hinein, sie ist aus Stahl und wehrts
professionell ab. Ihr gerades Herz
weiß, nur die Unversehrten sind die Guten,
die andren kann man eigentlich nur töten.
Zum Unversehrtsein braucht man aber viele Mittel,
die Möglichkeit hat daher höchstens ungefähr ein Drittel.

Die Redakteure pflegen deswegen Kriterien,
in allen dörflichen Lebensbereichen
zwei Drittel auszusieben. Kryptomerien-
freunde, zum Beispiel, stinken, also scheiden
all jene aus, die diese Bäume nicht vermeiden.
Kriterien müssen scharf und flexibel sein, wie Hunde,
neutral auf Zeichen hören, parteiisch auf Realität,
in unbequemen Fällen kommen sie brav schlicht zu spät;
haben sie unrecht, sind sie Tiere, grausame, gesunde.

Im restlichen Bereich agieren sie naiv
und gleichen so Motorradbandenführern.
Sie sind im Grunde bloß Kindsköpfe mit Stativ,
paktieren mit Türstehern und mit Wand-Entführern
von Edelstahltoiletten an der Autobahn, Aufrührern
von Eiern für Chihuahuas morgens. Die Frauen, die landen
in den Küchen und Betten dieser Anhänger von Banden,
kommen in desolatem Zustand, frisch voll oder restfett,
schnarchen, kotzen und nehmen urviel Platz im Nest weg,

und so ist klar, dass sie auf Frauen schlecht zu sprechen sind.
Wobei sie überhaupt nicht sehr gut sprechen,
weswegen sie es nur tun, wenn sie saisonal am Zechen sind.
Jeden Frühling einmal üben Sätze machen,
den Rest des Jahres wieder nur Kaffee und Kuchen.
Die Na-Presse ist also nicht so schwer zu lesen meistens,
nur was sie sagen, ist nicht nachvollziehbar. Denn sie leistens
sich, mit dem Zeigefinger Schlachten, Politiker, Krisen
zu zeigen und, zufrieden grinsend, ihre Meinung zu genießen.«

Wir starren auf die Säule, Blockhausstil mit Pelargonien,
hängenden, die auch sonst sehr gut in Stand ist.
Wonnekind mustert schmunzelnd unsren Blick. »Ironien
suche hier nicht. Lies eher, dass es eine Schand ist,
wie die Zy-Presse aussieht, zumal ja bekannt ist,
dass die auf ihren hochgestellten Bleidruckscheiben
es heimlich mit den Greiflangusten treiben.«
Hinter den Pelargonien zeigt sich ein Hintern, dann ein Bein, ein Ohr,
irritiert von der eigenen Meinung, traut sich aber doch nicht hervor.

»Die Zy-Presse nimmt nichts ernst und schreibt virtuos
in Sätzen, die münden in postmoderne
unstrukturierte Theorie, pragmatisch aber groß-
liberal plantschend, Resultate meidend: eher Soß-
e ist die Spezialität. Sie ist eine eherne
Rührschüssel, wenn die Na-Presse eine Stoßstange war.
Alle Ereignisse nimmt sie allein am Klange wahr.
Nichts ist echt. Was nicht Lüge ist, wird Kitsch sein.
Und wenn man sich nicht auskennt, darf man ne lustige Bitch sein.

Es gibt sie nur, weil insgesamt so wenig Druck herrscht;
        wir spüren die Notwendigkeit einer kritischen Sprache,
Weltwahrnehmung statt Weltgestaltung und eh alles wurscht,
und wie bei Wurst gehts um die Hängung: Verzehrscht
        du sie zu früh, gibt es im Magen Krache,
und das gehört zu den echten Ereignissen. Die meidet
die Zy-Presse, für die die Welt nur immer neu verkleidet
die schönen Ansichten exquisiter Weltabgewandtheit,
mit der sich wieder kleidet eine recht tiefe Gesandtheit

zur Weltrettung, deren Gestalt gestaltet wird
        von dem Manöverkleid, der Federboa
des Kriegs. Wenn die Sache erkaltet, wird
        ein Plan oder ein Atlas draus. Die Stoa
        der Unweisheit hat hier ihren Altar. O ja,
es fehlt ihnen das e, sie findens lustig, und es kommt seit
Oktober letzten Jahrs kein Wort mit e vor.« »This conceit
sounds familiar to me«, sagt Orama. »Oulipo! Georges Perec!«,
ruf eifrig ich. »Es ist hier nicht ludistisch. Unser e ist weg«,

erklärt ein Kopf, der sich, ganz unrasiert und schief,
        mit Zigarette aus dem Häuschen lehnt.
»Was ist, Wonne? Hast du bemerkt, wie tief
die Bilder drüben werden? Jedes Busen-GIF
        lebt von der Selbstverständlichkeit, und jedes e dehnt
die Toleranz für Relevanz und Drastik, Pilz im Hirn!
So viel schreiben sie dort, kann gar nichts mehr passieren.
Wir haben das e ja wohl mal ins Wasser fallen lassen.
Kann sein, dass die den Fisch, der unser e fraß, aßen.

Die Giftigkeit des Normalen ist nicht zu unterschätzen.
Zu viel Durchschnitt verträgt nicht mal die größte Sau.
Ein so perfektes Allerweltsding wie das e muss doch ein bisschen wetzen
im Magen derer, die sich stets am Überlegensein ergötzen.
Wenn ich ein Eigenheim im Bauch hab, schau
ich schnell, dass ichs verdau. Und das, mein Freund, braucht Jahre.
Inzwischen hab ich Bauch verdreifacht und wenige Haare,
der einzige Trost sind Bilder von Busen, größer als mein Hintern, kurz,
das Leben wird mit e zu einem einzgen Überwintern. Furz.«

»Okay«, sagt Wonnekind, »aber du steck den Kopf
wieder hinein, sonst wissen sie, dass –«
»Ois klar Chef«, sagt der Kopf, »wissen Sie, was ich denk –«, Boff! –
er haut sich den Schädel an am Schild *Lass*
wen andern tanzen, ich hab Muskelatrophie – »Opf-
er muss man lernen, wird man nicht mit einem Schlag
vom Sprechen her, mein ich, man hat ja plötzlich zwei
Blickwinkel, da muss man den ganzen Brei,
den man im Kopf hat, teilen, was unmöglich scheinen mag,

sodass man bald einfach ne ganz neue Version von allem
erfindet, ohne wirklich in sich nachzusehen,
ob man nicht schon ne alte hatte. Und im Qualm
der Produktion kann schon mal was danebengehen,
doch nach und nach beginnt man durchzublicken
und kann dann andere fast schon verstehen,
ohne sich deswegen gleich psychisch in Fälle verwickeln
zu müssen, die dabei in Echtzeit in die Wirklichkeit
einsickern, Wirkungen haben, mein ich. Ich bin nicht mehr bereit,

meine Artikel für die blöden Wixer zu vollenden,
mit Schnörkel auch noch und mit Schleifen,
die einfach nur zu faul sind, selber was zu senden,
um mit den Aufträgen auch im Gehirn zu reifen …
Wenn die sich einmal umsehn, werden sie begreifen –«
»Dass sie schon lange nicht alleine sind«, tönt eine tiefe Stimme,
und aus dem Wellblechdach melkt Donner eine große Hand,
und ein Kollege duckt sich unterm Wellblechrand
und steht im Sonnenlicht und legt den Arm um das Gewimmer.

»Entschuldigt uns«, sagt Wonnekind, »wir gehen jetzt zum Wisch-Blatt noch.«
»Geht klar. Vergesst nur nicht die Sache mit dem Fisch.«
Er geht rein, der Kollege sagt verächtlich »Zisch …
Er kifft zu viel Verbluda. Übrigens, du, wart ich noch –
glaub nicht, dass ich da drin den ganzen Tag nur Cocktails misch –
auf Anweisungen wegen der breitausfaltbaren Grußtapete
für dieses Schraubenfest im Haus der Schreigeräte.
Wann kommen denn die Sprüche vom Unsterblichen Parteienleiter?«
»Später«, sagt Wonnekind, »mit Inspi.« Schnell schiebt er uns weiter.

»Beim Wisch-Blatt feiern wir, fast religiös, die simple Wendung.
Wie der Kollege sagte, geht es um den Spaß
mit e, Vereinfachung, Schwingringe (Hulas).
Es geht nur darum, in den tiefsten Bars
und trockeneren Orten ohne jedes Maß
drollig zu schimpfen. Lautstärke ist Unterhaltung. Wir sind locker
und meist verkatert. Reißt uns demnach oft vom Hocker
der Witz von diesem übrigens umsonst verteilten Blatt.
Es drückt die Wünsche aus, damit man weiß, dass man sie hat.«

»Haben und Sein und Kritisieren«, sage ich,
weil jetzt, von Information erschlagen, niemand spricht,
»ist ja perfekt: gleich dreifach dialektisch!
Drei Säulen tragen diesen Strand, der freilich nicht
droht zu fallen, nur, man vergisst, unter die Gischt
zu schauen –« »Gischt ist alles, was es gibt!«,
unterbricht Orama. »Ich weiß schon, dass es kippt«,
sag ich, »ins unermesslich Tiefe knapp hinter dem Strand,
aber das ist und bleibt uns immer unbekannt.«

In diesem Augenblick sehe ich etwas wackeln
am Horizont, ja glitzern dort und schimmern.
Es schwimmt, wird klarer, auf uns zu ein Heer von Dackeln.
»Ich wusste gar nicht, dass die schwimmen können«,
gähnt das Internet. »Weißt du, was die sonst noch können?«,
fragt Orama. »Krankheiten übertragen und laut bellen. Ein Mann
aus dem nationalen Biosicherheitsprogramm
hat mir erklärt, was sie mit Dackeln alles machen,
deswegen würde ich nicht vorschnell lachen.«

Doch Wonnekind lacht laut. »Das sind unsere Venusfischer.
Sie tun nichts, kundschaften nur jeden Tag.
Mit ihnen bleibt unsere Hoffnung etwas frischer
auf Frauen, wenn sich auch keiner richtig vorstellen mag,
wie welche wären, eigentlich wäre das arg,
stellt euch vor, wenn die Dackel eine Venus fänden,
sie würde alles durcheinanderbringen. Jähe Enden
ereilen die meisten Feinmechanikarbeiten, wenn wir balgen
uns im Sand mit Venussen. Einstweilen haben wir Algen

in relativ pornografienahen Gestalten,
        und alle drei Zeitungen bringen auf der dritten Seite,
wenn nicht Normpusher dort Scherzwerbung schalten,
        Algen in Posen in der ganzen Breite
        der Seite, mit extremer Oberweite,
mal so, mal so auf einen großen warmen Stein geschmissen,
dass man fast meint, die Kante mit den Rissen
mit seiner Fingerkuppe zärtlich einzuknicken.
Dadurch verfeinern sich unsere Drucktechniken.«

»Ihr habt ja wohl auf der Insel nicht viel an Politik.«
        »Da täuschst du dich«, erzählt mit einem satten
Gesicht Wonnekind. »Täglich ruf ich das Meer her und schick
        es wieder weg. Diese unendlichen Debatten
        schützen uns vor notorischen Meeresrabatten.
Wir fürchten Meeresschwankungen wie alles Graduelle.
Deswegen muss der Tag über die Nockenwelle
unsres Bewusstseins laufen. Wind wird Rhythmus, damit unsre Zeit
uns weniger erschreckt. Der Tag ist umgesetzt, geweiht

durch ein extrem komplexes und schönes Gebimmel.
        Ihr kennt ja Gamelanmusik vielleicht, Steve Reich,
        Bach, Robert Hood, deef, Ragas und dergleichen
subtile Taktungen von Ton, diktiert vom Himmel:
        Statt mit Erlebnis streicheln sie einen mit Zeichen.
Die Emotionen übernimmt der Kosmos, und im Klange ein
Sein unter vielen ist man, wenn man wie der Nächste kennt
die Logik der Folgen, erlebt sie als bewegtes Sein
gemeinsam. Während Helios berserkerisch in den Zenit rennt,

weiß keiner, ob wir ihn nun feiern oder fürchten.
Liebe, was dich zerstört, dann bist du frei von Angst.
Beinahe statisch wird die Musik, da ist sie am höchsten.
Verloren in den Variationen, was du eben sangst,
zu wiederholen, aber anders, dass du etwas sagst,
ist das Gebot von Menschen und allen Gewinden.
Es schraubt sich das Bewusstsein in das Leben
mit lauter Kleinigkeiten. Die wir alle wiederfinden,
da Spiralbahnen unendliche Mnemotechnik geben,

siehe den Turm von Babel oder Dantes Höllenpasserelle.
Wir sind aber erst zirka vier Jahre zugange
und schneiden in die Platte dieser Insel unsre Rille
wie eine erste Falte in eine sonst glatte Wange,
wie einen Draht knickt erstmals eine ganz zaghafte Zange.
Er biegt sich, doch zu was? Wolln wir noch nicht erkennen.
Verwunderlich, doch muss das Volk ein blinder Fleck verbinden –
wir wählten Schrauben. Es ist recht, da wir sie sehr viel nutzen,
wenn wir der Schraube Tempel baun. Der Glaube soll uns schützen

und schärft den Blick. Jeder von uns hat Angst vor Schrauben,
pustet sie an und klopft sie auf den Tisch
und prahlt – so wie der Fuchs, der unter den Weintrauben
sich Zigaretten dreht –, dass er sie kennt und sich
mit ihnen auch Gewagteres erlauben
darf, doch des Nachts, wenn alle Schrauben prangen
an ihren jeweils festgefügten Orten,
werden die größten Zyniker zu bangen
Kindern und erfinden mit süßen, schweren Worten

Geschichten, erklärend die Konstellationen
            der Schrauben im 3D-Raum unsrer Gegend.
So kreisen um die ärgsten Fellationen
noch schraubstockstarke Interpretationen,
            und wenn da die Geschichten sehr verwegen
sind, kompensieren sie unseren Mangel an Familie.
Das Schraubenlager ist der Tempel. Vor ihm eine Lilie
hält sie in Schach. Sie tun nichts, doch allein zu schauen
die Menge und sich vorzustellen … es macht uns Grauen.«

Wir sind schon vor dem Tempel angekommen.
            Er ähnelt etwas einem Umspannwerk.
»Wonne, hast denn das alles du ersonnen?«,
            frag ich, und er sagt: »Nein, es war der Berg.
            Nach ein paar Wochen, als wir herg-
ekommen waren, merkte ich, es stimmt nicht mehr,
mein Großideenstrom verschleift sich und gewinnt nicht mehr
die Herzen, sie verzagen schon. Ich aber, im Hirn bunter,
ging auf den Berg, drei Nächte, kam mit Schrauben wieder runter.

Es ist der Weg der Schraube, den wir brauchen,
            und nicht der Weg der Meditation.
Die Vertikale ließe uns wie Rauch versuchen,
uns selbst verlierend gratis in das Nichts zu stoßen,
            das wir besser neben der Aktion
betrachten. Das Auge braucht was zum Halten,
der Mund zum Nuckeln, der Fuß, um es zu verlassen.
In Schraubenbahnen werden wir langsam erkalten,
in Schraubenbahnen ist es kaum möglich, sich sehr zu hassen.

DER SCHRAUBENTEMPEL

WONNEKIND AUF DEM BERG
(DIE SCHRAUBEN-ERSCHEINUNG)

Sieh, wie sie friedlich auf den Fujiyama steigen,
wie der Kürbisse Ranke um die Stange greift!
Nebeneinander in die falsche Richtung, dieser Reigen
seliger Geister lässt uns Konflikte vermeiden,
indem man sich andauernd, aber leicht nur, streift.
Und das gemeinsame, verschwiegene Verständnis,
das indirekt alles in eine einzge Richtung drückt,
die man nicht sagen darf, weil mans nicht sagen kann – es rückt
die Welt ein Stück noch ab, ein Stück heran, und Wenden ist

nur möglich, wenn mans tarnt als einen neuen Weg,
der weiter noch abseits führt als die anderen.
Man will nicht hin. Die Liebe ist ein paradoxer Steg:
Erfasst das Herz Begeisterung fürs Wandern,
meint es in Wirklichkeit den stillen andern,
doch hast du einen Freund, der immer mit dir wandern will,
dann gehe davon aus, dass er nicht dich so liebt, sondern
was du mit ihm machst. Liebt er indessen deinen aparten Stil,
meint er, was er selbst ist, sei so noch besser zu bewundern.

Die Differenz macht lebhaft, wo, sich spreizend, das Gewinde
– die Breite der Gedanken – uns noch abhält
voneinander, ganz aufgeteilt im Treibsandsog der Welt,
vermeidend allzu große Tiefe, und die Länge, finde
ich, verschwindet, wo man den Übergang erhält.«
»Es heißt hier Hegelland schon auch wegen der Sprache«,
vermute ich laut, sodass Wonnekind schreckhaft sich dreht.
Ich tönte aus den Wolken, räuspere mich; eine Lache
wird dadurch meine Stimme, wo sie glitzernd neu geschrieben steht.

9

Wonnekind schaut, benommen von den eignen Worten,
auf Orama, das Netzkabel und mich.
»Hab ich zu viel gesagt?«, fragt er. »Sind wir Retorten
für deine Sekte?«, fragt das Internet in entlegenen Foren
weniger Wonnekind als vielmehr sich.
»Nein, meine Sekte, wenn du wirklich sagen willst Sekte,
hat weniger Zweck als freundliche Funktion.
Sie legt sich auf alle, die hier sind: eine Decke
gegen die Kälte des Kosmos. Wie ein Kondom

wohltuend trennt, um nicht zu beunruhigen
die Säfte mit, was wissenschaftlich nicht
erläuterbar, wirkungstechnisch jedoch schlicht
unheimlich ist, damit man sich nicht zuigeln
muss innerlich. Bis es vielleicht einmal zerbricht.
Was nicht vorauszusehen ist, für Sorgen so kein Thema.
Zerbrechen ist für uns die Gottheit Nummer zwei.
Wir verehren natürlich die Schraubengottheit wie immer,
doch ist der Trickster Zerbrechen zu unsrem Glück dabei,

stört die Ordnung des Kosmos, oft zu unsren Gunsten,
in jener eher kurzfristigen Sicht,
die wir so lieben, weil wir sie für süße Dinge nutzen,
Dummheiten wie den Zweitaktmotor oder Bumsen,
da kümmert uns plötzlich das Schrauben nicht.
Und doch wird in diesen, sagen wir, leicht gelogenen
Momenten, meistens auch besinnungslos
euphorischen, die Schraube unsres Lebens festgezogen.
Wir kommen aus diesem Gewinde nimmer los.

Die Sekte oder Decke dient dazu, das zu verschönern.
Damit man eher damit einverstanden ist.
Geschraubt wird sowieso, doch nicht um zu verhöhnen
die Menschen, wie sie manchmal glauben, wenn sie hören,
was sie nicht hören wollen. An den Ist-
Zuständen änderts alles; wenn man sie nur gutheißt,
sind sie leicht zu manipulieren, sozusagen weich.
Die Temperaturen der Seelen sollten immer etwa gleich
heiß sein wie die Umgebung, dass es sie zusammenschweißt.

Und wie ein Einziges bewegt der Mensch die Welt,
die Welt den Menschen, der sie mag,
weil sie ihm auch in allem irgendwie gefällt.
Und er sich noch im Schlimmen gern zu ihr gesellt.
Der schöne Schmerz, unerbittliche Tag,
leichter Missklang, welcher nur reizt zu mehr –
wir lieben diese mehrdeutigen Sachen sehr.
Ihr habt es, wo alles erreichbar schien, vergessen,
wie sehr das, was es ist, längst in eurem Ermessen

begraben ist, während ihr nach noch mehr vorausbestimmtem
Material die Hände recktet,
um es anzumalen, euch anzueignen, zu gebrauchen, flimmernd
vor Gier, Nichtigkeit mittels Geistmanöver anzuzünden,
euch flammend lecktet,
verachtend euch, voll Sehnsucht, euch zu wissen,
in Eile zu verschwinden, hoheitsvoll und bissig
last ihr Bücher, angetrieben von vagen Schuldgefühlen,
legtet die gellenden Ohren auf Pfühle, voll mit Müllen.«

»Er meint Plastik«, sagt hinter mir ein Pelikan.
        »Nanu? Sprechende Pelikane?«, wunder ich mich laut.
In Wirklichkeit war ich schon eingeschlafen, und der Federmann
        erschien mir alpig, wie Wurst einem, der sie nicht verdaut
        hat, oder wie der Abessinierin ein bleicher Kraut.
»Ja, diese Pellets, vielleicht hast du schon davon gehört«,
erklärt der Pelikan mir langmütig, gekochten Grieß servierend
auf Bananenblättern den andern und mir. Ich, verstört
das Blatt wendend, den Grieß über mich gießend,

schreie jäh auf: »Wie bitte?«, dann, die Langmut
        des freundlichen Meeresvogels noch weiter strapazierend,
der mir von neuem mit zärtlichem Schnabel kundtut,
        wie kleine Körnchen, ihre Strände zierend
        und nicht mehr viele Wirkstoffe verlierend,
als Kissenfüllung dienten und sie öfters träumen ließen
die Träume der ErfinderInnen. In der Produktion zerflossen
Träume mit den Wirkstoffen, die aus Mikroschrot verschleißen.
»Auch ich habe schon viel Mikroplastik genossen«,

schmunzelt er leicht, wie jemand, der manches erlebt hat,
        die schlaffe Haut voller verschwommener Tattoos.
»Es ging mir schlecht, bis Wonnekind sich herbequemt hat.
Er sah, wie sehr mich der Verdauungsstau gequält hat
        von der Akkumulation dieses Polymer-Mus.
Er meinte, dass die Menschen einst aus eben solchen Gründen
– Magenweh nämlich – Schrift, Mythos, ihre Kultur erfunden
haben, und baute mir mit plastomerischen Strukturen
eine hilfreiche Serie Plastikzersetzungskuren.«

»Man braucht Mäeutik neuer Art für die künstlichen Scheißen«,
anerkennt der naiv-geniale Wonnekind.
»Der erste Trick ist, dass sie nicht mehr künstlich heißen
dürfen. Was da ist, ist natürlich, musst du kneißen,
da liegen die Meeresvögel ganz gut im Wind.«
»Er entwickelte mit uns einen Bauchtanz –«
»Ihr habt ihn schon gehabt, es war doch der *Pelika N'dantse*,
ihr habt ihn nur seit Generationen nicht verwendet,
seid lieber mit leichtigkeitsschweren Blähmägen verendet.«

»Richtig. Zum Glück hatten die Quäker von dem Stamm,
den sie in den USA massakrierten und bekehrten,
die Kultur aufgezeichnet und gemischt zusammen
mit ihren Überlieferungen. *The Dance of the Pelican*,
bei dem sie das Schlucken großer Dinge verehrten,
war gut geeignet, um Verdauung von ganz Unverdaulichem
zu fördern.« »Jeder Mensch«, so der Chef in vertraulichem
Tonfall weiter, »schießt mit Neutronen ständig in sich rum,
weil es aber Neutronen sind, merkt man dies kaum.«

»Auf globaler Ebene wären das Pragmatiker,
Atheisten, Chinesen, die verstehen,
was sie verstehen müssen, um galaktischer
zu handeln. Um langfristig zu bestehen,
ists besser, ohne Namen, ungesehen
zu agieren, ohne Ladung auch, ohne Ideologie,
nicht zugehörig, reine Tat. So schlüpfen die Neutronen
durch alles durch, anders als Elektronen und Ionen,
die, immer voll geladen, schießen sich einander leicht ins Knie«,

erklärt der Pelikan. »Erregt durch die Benennung«,
          sagt Wonnekind, »helfen Konzentration
und die damit einhergehende Anerkennung,
          die Tätigkeiten all dieser Neutronen
          zu bündeln und im Weiteren zu formen.
Sie schießen sich auf das Plastik im Magen ein,
wenn man nur ihre Frequenzen entsprechend tuned,
und statt vom toten Nichtgewicht gelähmt zu sein,
erhält Pelikan radioaktive Kräfte.« »Uund«,

fällt übermütig der Vogel dem Chef ins Wort,
          »wir agieren mit stark erhöhter Libido:
          vermehren uns viel mehr.« »Ihr schwächt so
den Energieeffekt des Plastiks, der bald wieder fort
          sein wird«, warnt Wonnekind. »Dann sind wir eh froh«,
gesteht der Pelikan, »dann ist der Spuk vorbei mit dem Plastik.«
»Träum weiter«, sagt Wonnekind sanft, »nicht ohne Drastik
verlaufen Übergänge, das Plastik wird nicht verschwinden.
Ihr müsst zur Überlieferung geeignetere Formen finden,

die Libido im Zaum halten. Bessere Familienplanung
          einführen, um die neue Kraft zu ordnen.
Nicht alles in die Reproduktion von Pelikanen
stecken, denkt euch was aus, ihr seid nicht meine Untertanen.«
          Der Pelikan nickt, und sein Schopf wackelt etwas verworren.
»Wie kommts zum Grieß?«, frag ich. »Ziegen fressen Getreide,
stapeln es im Pansen und schleuderns zwischen diesem
›Wanst‹ und dem Netzmagen, genannt auch ›Haube‹,
herum. Dort leben Müller, die die Körner mit ganz fiesen

Mahlwerkzeugen bearbeiten. Ihre Kinder, Chirurgen,
legen zwischen Pansen und Euter einen Grießkanal.
Der muss den Grieß – im Pansen 45° heiß – runterwürgen.
Im Euter muss der Grieß sich mit der Milch vollsaugen.
Das muss dann jemand aus dem Euter saugen.
Am Anfang tut es weh, und später ist es geil.
Wenn das die jungen Ziegen merken, ziehen sie erbost los
und machen Unfug. Ihre Mütter geben weiter Grieß,
unschlüssig, ausgebrannt vor Weltverständnis – aber wir genieß-
en die Speise, und wenn zu viel da ist, speichern wir sie in Silos.«

»Sind das die Dinger, die am Horizont herumschweben?«
»Nein, das sind unsre Vogelkupferblattfabriken.
Der Grieß würde in der Tageshitze zu schnell verderben,
deswegen müssen wir ihn unter Tag verstecken.
Die Kobras sind es, die die Ziegen melken,
indem sie den Grieß in ihre kühlen Tücher des Lächelns falten
und in die Kühlräume tragen, wo sie ihn in Regale schlichten.«
»Wie habt ihr es geschafft, die Kobras derart abzurichten?«
»Sie mögen Ordnung, und sie sind schon süchtig nach den kalten

Kühlkammern. Weil sie keine Schaufeln haben, keine Geodreiecke,
sind solche Gräber, solche Stufen ihr Mysterium.
Kobras lieben Tätigkeit und, kontrastiv, dunkle Verstecke,
sie sind intelligent und doch auch ziemlich dumm.
Man lächelt nett und kriegt sie sofort rum.
Obwohl keine der Kobras bislang lesen kann,
lieben sie sehr das Konzept unserer Buchstaben,
halten sich peinlichst an Verträge, die sie ansehen, wann
immer sie können, wie Außerirdischengaben,

und keine will zugeben, dass sie nichts versteht.
Das ist bei ihnen Killerargument:
›Kannst du nicht lesen? Siehst du nicht, was da steht?‹«
Wir lachen herzlich. Nur Orama pennt.
»Du weißt, dass das ein Gott ist. Pan, omnipräsent.«
»Nein, wusst ich nicht!« »Er ist eine Funktion von dir.«
»Ach so? Ich wollt eh fragen: Was ist nun mit mir?
Bin ich nun die verbannte Fernsehmoderatorin
oder Hermes Wolperting, Dämon von Petschorin?«

»Ha!«, lacht Wonnekind, »ich durchschaue dich!
Du willst mit solchen Fragen mich nur prüfen!
Deine Verhöhnung besteht aus so vielen kleinen Stufen.
Hab Gnade, Hermes Wolperting. Noch stimmt so vieles nicht
an unsrer Religion.« Und er beginnt zu schniefen.
Ich kraule ihn mit dem Geweih. »Ich weiß, du bringst bald Frauen«,
mault er, »wir sind aber noch nicht so weit.« »Das werd ich mir anschauen«,
sag ich mit möglichst gütigem Gewittergrollen und erhebe
sein tränennasses Kinn zu mir. Ich liebe ihn. Ich schwebe

im Mondlicht der Vision. Der Pelikan geht, sehr diskret,
um die Ecke. Wir sind allein. Das Licht sinkt wieder,
das von dem Meister der Anwendung ausgeht.
Ich lasse sein Kinn los, und Wonnekind sinkt nieder.
Ein Chor von Sirenen ist hinterm Hausdach und singt Lieder –
übt, muss man sagen. Immer nur einen einzigen Takt.
»O Mann, hört auf doch!«, brüllt Wonnekind gutmütig, sagt
mir dann, das sei der Seemännische Hochfalsettverein.
Sie sängen immer nur ihren allerliebsten Refrain.

Doch der Chor hört nicht auf, sondern kommt immer näher.
Die Akkordfolge beginnt zu hypnotisieren.
Wonnekind winkt dem Pelikan: »Wir bilden einen Späher!
Binde uns an etwas und aneinander,
meine Hände an das Geweih, dann kann der
Falsettgesang uns nicht verrückt machen.« Aus dem gespitzten Schnabel
spuckt der Pelikan einen Polyethylen-Faden.
»Benutz doch Kabelbinder, Dussel!«, muss Wonne ihm raten.
Er tuts. Das Singen naht. »Ich glaube, es sind Knaben«,

denke ich. »Was sind Knaben nochmal?«, fragt mich Wonnekind,
der scheinbar hört, wenn ich nur denke.
»Ich weiß es wieder!«, fügt er schnell hinzu und lächelt sinnend.
»Ich war selbst einer, bis ich wurde, was ich heute bin.«
Der Chor ist fast bei uns, und ich verrenke
den Kopf, damit wir sehen, was jetzt um die Ecke kommt:
Ein kleiner Fuß, ein Bein mit zarter Haut, kleines Gesicht – ein Busen –
»Frauen!«, kreischt Wonnekind. Windet sich los, und ich kann zusehn,
wie er schüchtern die Neulinge begrüßt. Vorsichtig untersucht er,
misstrauisch werdend, was sie sind, während immer verruchter

ihre Bewegungen werden, im Einklang mit den seinen,
was er aber bemerkt, da es ihn irritiert,
dass sie nur machen, was er macht. Mit seinen kurzen Beinen
verlagert sich sein Hüftkreisen, gebiert
Vergnügen, und was daraus sehr bald wird,
ist vorhersehbar. Heilige, panische Blicke schießen
aus dem Knäuel hervor, während sich unter sich die Reihen schließen:
die Frauen Arm in Arm, hinter ihnen Matrosen,
Redakteure, Techniker, Klempner, Chemiker mit Rosen,

umschwirren halsend und umhalsen girrend diese Wesen
mit ihren langen Haaren, weichen Hüften,
sinnlichen Lippen, riesigen Titten wie Anamnesen.
Ich seh um mich, greife aus einer Ecke einen Besen.
»Packt fort euch! Geht zurück in eure Grüfte! Nh!«
Und während ich auf die Reihen einschlage, die sich lichten,
sehe ich, ein paar Schritt entfernt, erschöpft wie Erdnussflips,
das Internet sich offensichtlich ziemlich einen abkichern.
»Wonne, schau her! Die Frauen sind erfunden!« »He, das gibts

doch nicht.« »Siehst du nicht, sie bestehen ja aus Fertigteilen,
und auch die Ketten, Reizwäsche, dieses Brimborium
wird hingestellt und angeklickt. All diese supergeilen
Standardpakete, das verkürzte Oratorium
der Wünsche …« »Und du setzt die ganze Story um«,
dreht sich Wonnekind wutentbrannt zu mir, mich dran erinnernd,
dass ich der Gott bin der Veränderungen. »Wonne, bitte,
ich hab doch keine Kontrolle, das macht –« »Macht wer?« »Wonnekind,
das weißt du. Wer steht bei dem allen immer in der Mitte?«

Wonnekind hebt das Hemd und sieht wieder das Fadenkreuz,
das am Zenit seines Bauchs den Weltmittelpunkt
anzeigt. Und er verstummt und blickt sich um, schneuzt
sich, um Zeit zu schinden, ausführlich und funkt
mit den Augen die Vesper, denn es wird schon spät und dunkelt.
Die Bevölkerung verliert sich, rumknutschend mit den Frauen,
in den Tiefstapelhäusern oder im Gebüsch. Es raschelt
und schmatzt, dann atmet es ruhiger, flacher – »Da, sch…Halt!«
Ein Kugelblitz hilft mir, noch nach dem Internet zu schauen.

Das räumt ein bisschen noch in sich herum, und ich erinner mich,
    es sind ja meine Hoden. War der ganze Unfug
etwa am Ende, Spiegelungen abgezogen, immer ich?
    Meine Hoden sind jedoch nicht nur meine. Trug
    nicht ich sie her, sie wanderten im Boden, Zug
von mehr, als ich bewusst weiß, halt ich mich doch oben hohl.
Und Wonnekind kriecht jetzt schon wieder in mich rein.
Er möchte mich als Gasometerfreiraum fürs Nächtigen wohl
verwenden. Eine Nacht im kahlen Inneren. Soll sein.

Ich wink das Internet heran, bestelle guten Wein,
    das geht nicht. Hierher kommt die Post nicht gerne.
Ein guter Dubstep/House wird für heut Nacht das Beste sein.
Ich wickle mich um mich und nicke nickend ein,
    und mein Geweih zeigt artig auf die besten Sterne
für morgen. Regelmäßig wie das Ploppen
von Samenkapseln reifer Gräser, Mohn und Neophyten,
lässt ein grausamer Bass zärtlich in mir erschüttern
Wonne sich. Das wird die Spiralen eine Weile stoppen.

10

Im Mondenschein erhebt sich Pan Orama,
der Internetspion, und blickt um sich.
Er geht dann los, spazieren, im Pyjama,
darüber einen Trenchcoat und einen Panama-
hut. Aus der Tasche eine Zigarette fischt
er und blickt links und rechts, dann zündet er sie an
mit einem Zippo, als wäre das selbstverständlich.
Der Sellerie raschelt geheimnisvoll im Mondlicht.
Man hört von irgendwo her etwas leise wiehern.

Vor wilden Tieren hat Orama etwas Angst,
ansonsten macht ihm nicht sehr viel zu schaffen.
Nur dass du ihn mit Wasserspritzern ärgern kannst,
typisch Kontrollfreak. Doch in der Bilanz
wiegt mehr, dass er mit Menschen kann, auch roughen.
Er sagt nicht viel, sieht alles und hält sich an minimale
Sprachwendungen, die durch perfektes Timing lustig sind.
In seinen Taschen hat er Bonbons, Ciprofloxacin
und einen Schraubenzieher. Er hat keine Ideale.

Aber ein halbes Herz und viel Humor,
wenn auch für viele etwas ungewöhnlichen.
So hält er sich das Telefon ans Ohr
und brüllt hinein: »Du abgestochener Balboa,
kannst du aufhören, alles zu beschönigen?«,
um jemanden, mit dem er am Tisch sitzt, zu schrecken,
als Warnung quasi: Er denkt um zwei Ecken.
Sanft und brutal, halb Pole, halb Japaner,
und beinah immer wach: So kennt man Pan Orama.

Nachts schwebt vage Romanze um ihn her,
das heißt, er schnuppert nach der Nostalgie,
die er längst hinter sich ließ, beschließend, ein Winner
zu werden. Die Gefühle wurden immer dünner,
berührt nur mehr über Metonymie,
leicht, indirekt also, und so handhabbar ihm
und allen nicht, die sein System nicht kennen.
Er würde nie Emotionen so direkt benennen
wie andere, doch Dinge, die benachbart ihnen,

in deren Schatten die Gefühle weilen
wie in Urwälderdichte die Ameisenbären,
wie mächtige Araberinnen unter Schleiern,
wie plötzliches Gemetzel unter Greenpeacekeilern,
wo lange unterirdisch die Konflikte schwären,
die mit dem Ort, wo sie ausbrechen, nichts zu tun zu haben scheinen.
Und doch, ein falscher Blick, ein Ton in einer Stimme,
und man dreht durch. Ein andrer freut sich und fängt an zu weinen.
Ein solches Labyrinth ist Orama; das ungefähr seit Minna.

Minna war es, die Orama das Herz brach.
Sie ließ ihn einsehen, wie schlecht er ist.
Er kriegte mit, wie sie in ihren besten Nerz stach,
hielt ihr Handgelenk, fragte sie nach ihrem Schmerz – »Ach,
schön, dass Sie fragen.« (Mal sehn, wie viel Mist
ein blutjunger Verbrecher Ihrer Sorte frisst …)
Minna war die Freundin von seinem damaligen Boss,
und Orama dachte, der sei ein ausgemachter Trottel.
»*You don't mess with Minerva, ever, when she's cross*«,
so der oft, »*'cause if you do not obey her, she will throttle*

you, man.« Jetzt hatte er sie scheinbar sitzenlassen,
endgültig, was mit Sicherheit nicht leicht war.
Und sie versuchte sich mit dem Messer vor Wut zu fassen
und beschloss, da sie sich selber gerade schlecht erreichte,
sich von ihres Exfreunds Menschenstecher trösten zu lassen.
Das war nicht nichts, und ohne es zu wollen,
wurden sie, jedenfalls nach außen hin, ein Paar.
Man sah ihn, wenn sie auftrat, ihren Mantel holen,
und nachts lagen sie sich in den Gassen im Haar.

Minerva W. Ducati hatte einen Trumpf,
sie wusste nicht nur immer, was sie wollte,
sie wollte es wirklich. Das klingt zwar stumpf,
doch ihre Klarheit war bezaubernd wie ihr Rumpf.
Vor allem fand sie, dass man aufrichtig sein sollte,
sah also ihre Freunde, meist aus der Verbrecherszene,
als armselige Feiglinge an, die nicht anders konnten,
als zu lügen, zu schummeln, Schwächere zu hängen an Kräne,
und ließ sie nicht in Ruh, solang sie bei ihr wohnten.

Da sie solche Gestalten immer wieder mochte,
steckte sie schon tief drin in deren Business.
Damit mit den Gemütern nicht die Ehre überkochte,
schätzte die ganze Szene ihren strengen Moralismus.
Es ist ja nicht so, dass man ins Verlies muss,
weil man ethisch versagte, sondern weil man Unternehmen
für blöd verkaufen wollte und diese sich rächen.
So sind die, und beim Sitzen oder Blechen
darf man selbst niemals ihre Sichtweise annehmen.

Sie machen viele pseudomoralische Finten.
Minerva Ducati lässt sich davon nicht täuschen.
»Sieh nur, wie diese Arschlöcher sich winden!«,
war der Ruf, sich zum Fernsehn einzufinden.
»Sie lügen so, dass Blindschleichen erblinden!«
Sie selbst vertraute allein ihrem Herz und ihren Fäusten.
Während sie Leute wie Pan gern in Aktion sah,
konnte sie nicht ertragen, wenn sie sich hässlich benahmen.
Sie liebte viele, weil es ihre Mission war,
die ganze Unterwelt zu reformieren. Pan Orama

kochte ihr Brei und nähte ihren Mantel um
und war, solang er mit ihr war, sehr brav.
Kaum war er außer Rufweite, schlug sein Verhalten um.
Er wollte böse sein, sinister, wild und tough.
Er maulte: »Ich muss raus aus diesem Kaff!«
Womit er die Ecke der Großstadt meinte,
die er sich selten traute zu verlassen.
Minerva wusste das genau, sagte es, bis er weinte,
und er begann, ihre Liebe zu hassen.

Ohnmacht machte Minna kaputt,
sie wurde immer älter auch,
und unter Zigarettenrauch
und Tränen löste sie den Dutt,
das Haar reichte ihr bis zum Bauch,
so steht sie im Gehirn von Pan,
die Wahrheit, der davon er rannte.
Er war dann ein erwachsner Mann,
die Schale dessen, den sie kannte.

Und eiert jetzt im Mondenschein umher,
das Hirn voll mit der Welt und mit einer Idee.
Er ist zwar als käuflicher Kundschafter nunmehr
zwanzig Jahre schon unterwegs, wenn nicht noch mehr,
doch überzeugt, dass die Krönung des Le-
bens noch ausstehe, danach hält er immer Ausschau,
die Gelegenheit, die sich als seine zeigte, zu fassen,
und dieser Nacht imaginäre Brautschau
schien recht genau auf seine Vorstellung zu passen.

Sein Plan ist einfach, aber genial.
Voll Unschuld, mit viel Pep und Ideal.
Er hat ja nicht umsonst die Welt so lang studiert.
Er überdenkt jetzt seinen ersten Ansatz im Detail:
Wenn der gelingt, läuft der Rest wie geschmiert.
Wo Sex und Reproduktion sind, sind Probleme,
Begünstigungen, Schuldzuweisungen, Ödeme.
Frauen als Neuankömmlinge? Mit Pan Oramas Segnung
und Schlauheit gründen sie eine Frauenbewegung.

Sie muss sich schnell und sicher etablieren,
bevor sich jemand zu viel wundern kann.
Bei Frauen ist das zweite Ohr zu infiltrieren:
Gegen die Zweifel kommt man mit dem ersten Schwung nicht an,
es sei denn, dass man ihren Körper überrumpeln kann.
Das scheint aber bei sechsundzwanzig Frauen unwahrscheinlich.
Es muss also über eine von ihnen laufen. Heimlich
eine spitz machen, das Lauffeuer geht von Mund zu Mund,
und Pan, sympathisch, welterfahren, ruhiger, bekund-

et Sympathie, doch rät zu Moderation:
»Auf keinen Fall gründet einen Verein!«
Doch zwei von drei Pressen haben sie schon
gekapert, schießen auf die Na-Presse sich ein,
mit Spott, Karikaturen – ja es scheint
drei Viertel der Bevölkerung plötzlich weiblich zu sein.
Orama stößt mit voller Wucht gegen einen »lebenden Stein«,
tagträumend – nein, ein Matrose schimpft lebhaft auf ihn ein,
mit nichts an außer einem billigen Perlengeschmeide.

Aus dem Gebüsch knarzt mollig eine schläfrige
Stimme: »Wo bist du? Komm doch wieder liegen!«
Aus einem andren Busch hickst es – wie Fliegen
surren Stimmen von Weichen, Übereifrigen,
Willigen, zu allem Bereiten, die leicht zu besiegen
Pan nach etwas Betrachten nicht mehr so sehr dünken.
Er muss seine Vorstellungen vom Feminismus überdenken.
Vielleicht wird es eher mit Recht auf Aufmerksamkeit glücken.
Mit Spektakelstrategien erst einmal Interesse wecken.

»Das Internet hat eure Perfektion nun ausgespuckt«,
räuspert sich Pan Orama und doziert,
»ihr habt aber scheinbar noch nicht gecheckt:
Das Leben der Matrosen ist hochkompliziert,
und euch begreifen sie nur als ein Bild,
wenn ihr nicht sehr vielfältige Taten entwickelt
und sie mit neuen Ansichten von ihrem Alltag kitzelt.
Beschränkt die Interaktion nicht auf die Sexualität,
sonst werdet ihr vertrocknen, sobald ihr euch nicht mehr ähnlich seht.«

DOCH KEIN „LEBENDER STEIN"

Man hört von allen Seiten großes Gähnen.
        »Ich glaub, ich geh zurück ins Internet«,
sagt eine. Ein paar kämmen unverbindlich ihre Mähnen
und maniküren sich mit ihren Zähnen.
        »Ich will mit meinem einmal noch ins Bett«,
sagt eine andere. »Wir müssen nicht alle gemeinsam gehen«,
sagt eine, schielend auf den Mann und pulend zwischen ihren Zehen.
Hinter Orama erscheint eine Frau und steht da, still und heiter.
»Wir können nicht zurück«, sagt sie. »Das Internet ist pleite.«

11

Von allen Seiten schallt daraufhin ein Jubelgeschrei.
        Die Matrosen beobachten verwirrt, bald konsterniert.
»Die Zeit ist da! Ist unser! Wir sind zeitenschwer! Sind frei!
Schluss mit dem Nichtsein! Nie mehr wieder Sklaverei!«
        Der Zy-Typ bittet um Ruhe, fragt: »Leute, ihr verliert
etwas, was wir nicht bekamen, und jubelt
ohne Rücksicht auf euer ignorantes Publikum.
Wir sind zwar ahnungslos, aber wir sind nicht dumm.
Ist eure Freude nicht etwas zu sehr verschwurbelt?

Habt ihr in, mit dem Internet nichts Besseres
        anfangen können, als Zuckerschaum ihm zu entlocken,
der euch aufquoll und quälte? Ist der letzte Rest
des Internets, was für unsereins übrig bleibt? Zuletzt
        kommen die Techniker, das war schon immer unser Brocken
zu schlucken, dass man ist quasi professioneller Teppich,
auf dem die Ahnungslosen, leidend unter läppisch-
en Leiden, plappernd hinspazieren, als wär er geschenkt
von Gott, indessen haben wir dafür das Hirn verrenkt.

Wir werden euer Internet ausmisten
und besser als ihr zu verwenden wissen –«
        »He, kuck mal das hier«, unterbricht ihn ein Kollege,
und zeigt ihm dicke Möpse auf Furzkissen.
        »Das war einmal die Seite von der BVG«,
erklärt Maria, die den Kopf dazwischenschaltet,
»und wird inzwischen nur von Inkassofirmen verwaltet.
Die mögen Möpse, aber wer draufklickt, der zahlt,
und zwar saftig. Wer nicht zahlt, wird verstrahlt.«

»Was heißt verstrahlt?« »Es gibt ja so Atomkraftwerke«,
erklärt nun Sally mit Lolita-Langeweile,
»und es gibt Langzeitarbeitslose. Die sind so entwertet,
die fühlen sich im lecken Meiler weniger gefährdet
als auf der Touristenflaniermeile,
sagt man so.« »Wie alt bist du?«, fragt Sally ein Redakteur.
»Fünfzig, wieso?« »Ach ich wollts nur von dir hörn.«
»Sind die Touristen wirklich so gefährlich?«,
fragt Walter. »Nein, aber die wenigsten sind zärtlich.

Die fürchten sich vor Taschendieben und sind oft bewaffnet.
Schon mancher Bettler ist durch sie gestorben,
streckte die Hand einen Hauch zu weit aus – Paff-paff! Nett,
nicht wahr? Globalisierte Marktwirtschaft hat sie komplett verdorben,
sie fühlen sich von allem entweder bedroht oder umworben«,
diagnostiziert eine vierzigjährige Ornithologin.
Bewegung geht durch alle; man sieht Sog in
den Augen einiger beeindruckter Matrosen.
»Wer kriegt sie? Wolln wir losen?« »Wollt ihr mich erbosen?«,

fragt freundlich sie, legt ihre Arme um die Nacken
zweier Schnurrbartträger, welche erröten.
»Könnt ihr Feuer machen?«, fragt eine. »Steck ein die Tentakeln!«,
will eine andre lustig sein, niemand versteht es. »Bringt Orakel«,
kommandiert die Erste. »Und Weidenflöten,
steht hier nicht Pan Orama?« Pan Orama schreckt sich sehr.
Wo kommt denn die Syrinx auf einmal her?
Nach ihr: über sie hatte er sich als Romancier versucht,
erfolglos. Pan wurde bei jeder Lesung ausgebuht.

Und jetzt soll er am Lagerfeuer das Halbmusical,
		das er am Ende aus dem Drama machte,
als reine Instrumental-Stücke – »*Über die Physik*, gell«,
erinnert sich Syrinx sogar an seinen Titel
und streicht ironisch über seinen Scheitel.
		Er schüttelt ihre Hand ab. »Rachel, sachte –«
»Syrinx heiß ich!« Sie haut ihn. »Keine Tricks diesmal und keine Sägen!«
»Wo hast du wieder Beine her?« »Von einem sehr netten Kollegen.«
Es war ihm nämlich ausgeglitten damals sein Gerät
beim Spielen im Teich, und sie konnten nicht mehr angenäht

werden. Er ließ sie sitzen und spielte vor Reue so schön,
dass auf den Straßen sogar Bauarbeiter stehn
		blieben mit Bierdosen, die in der Sonne sich erwärmten,
um dem kühnen, traurigen Spieler zuzusehen,
		und nachher luden sie ihn ein und schwärmten.
»O'Rama, der Name, wo kommt der her?« »Aus Irland.
Die Eltern machten Margarine aus Abfallprodukten,
hatten zwölf Kinder, die das so bis fünfzehn schluckten,
dann abhauten. Wo die leben, ist immer sehr verwirrend,

manchmal treffe ich sie, in Dublin, in Odessa …«
		Syrinx hatte ihn damals im Rollstuhl verfolgt,
tauchte spätnachts in den Pubs auf mit einem Messer
oder mit einem angeblich berühmten Menschenfresser,
		und Orama war froh, dass er im Sprinten Gold-
medaillen gewonnen hatte in der Schule,
sodass er meist die Haustür noch erreichte
und aus dem ersten Stock die somnambule
Rachepartie pumpern hörte. »Erweichte

ihn das nicht?«, fragt hier der gerechte Leser. Nichts
verhärtet einen mehr als die gerechte
Bestrafungslust geschädigter Geschlechter.
Umso mehr beunruhigt ihn jetzt wieder Syrinx,
die ihn nicht aus den Augen lässt, die Rechte
geballt zur Faust, die Beinprothesen voller Waffen,
wie er plötzlich bemerkt. Er sieht sich schon erschlaffen
unter den Stichen ihrer automatisierten Ferse.
Made for killing steht tätowiert auf der Kehrse-

ite von ihrem runden, muskulösen Oberarm.
Doch sieht sie länger schon woanders hin:
auf ihren offenbar neuesten Schwarm.
Der himmelt sie genauso wie sie ihn an:
der Obmann, genannt Karma Kandisin,
vom örtlichen Verein der Kryptomerienfreunde.
»Super!«, denkt Orama, »an den muss ich mich halten.
Sorg dafür, dass der beiden Gluten nicht erkalten,
und ritz, während sie sich härtet, magische Zeichen in die Rinde

der Liebe. Muss mich nur recht schön bedeckt
halten, dass keine der Agentinnen entdeckt,
was ich alleine wissen muss:
wie viel von mir in der Frauenbewegung steckt.
Mach es nur nicht zu einem Situationisten-Mus!«
Mit diesen Worten dreht Pan Orama sich um, und still
verzieht er sich zum Schlafen, wos ihm immer gut gefiel:
Malt sich ein Lächeln auf den Trenchcoatkragen
und geht, sein Glück bei einigen Grießkochziegen zu wagen.

12

Licht überfällt mich und den ganzen Strand.
Sachte bedenkt und rosig es die Wand.
            Ich rühr mich nicht,
denn Wonnekind schläft tief in meinem Stand,
            mir süße Pflicht.
Stattdessen überlege ich mir, wer ich bin,
wo, und was heute noch passieren könnte.
Mit Morgenbrisen flattert die Schwimmhaut auf meinem Kinn,
und langsam höre ich, was vor Sekunden schon ertönte:

Basisgesang für alle Phantasien.
            Die Matrosen singen die Hymne an die Sonne.
Es geht einmal durch alle Harmonien.
Sie singen stehend, manche auf den Knien,
            und mein Penis singt mit – das ist, doch schon wach, Wonne.
Als das Lied aus ist, springen alle los zu ihren
Werkstätten, Zeichentischen oder zu den Tieren.
Manche nehmen die Frauen mit, um ihnen ihre Arbeiten
zu zeigen; manche Frauen bevorzugen andre Wahrheiten

und bleiben liegen oder suchen sich etwas zu tun,
            ein paar kommen bald nach,
ein paar gehen ziellos, manche systematisch herum,
sehen sich alles an und fragen nach, warum
            dies so, das andere anders gemacht
wird. Die Matrosen müssen sich erklären
und überschlagen sich dabei, machen es gern,
auch wenn manchmal ein Kollege was überhört
und rüberkommt und sagt, das habe ihn auch schon gestört,

was die Frau ansprach, und dann wirds geändert,
          sodass in den ersten paar Stunden dieses Tages
viel Umwälzung geschieht – manches wird dann zurückgeändert,
was niemand weniger als den Kollegen wundert,
          es ist halt, wie es muss – aber nun sag es
dem Frauenbild, das in sich alle Perfektion vereinigt
und die ältesten Träume, wie faul und wie kleinlich
die Handgriffe gedacht sind, die Maschinen konstruieren,
die besser sein sollen, größer gedacht. Genieren

muss man sich immer für Realität,
          denn aus dem Internet kam Ideal, sie soll
das Licht sein, in dem sich nun alles restlos klärt,
weswegen man den Mist mit freiem Fuß in eine Ecke kehrt,
          sodass die Frau fragt: »Was ist diese Ecke? Wie soll
das gehn, dass die schmutzig ist und der Rest so hell?«
Man wusste nicht, dass man so hell war. Wie kann sich so schnell
ein Bild bilden, wenn sie doch weiß, dass sie nicht alles weiß?
Sie ist eben begeistert, sodass jeder Scheiß ihr gleißt.

Das halten die Matrosen nicht sehr lange aus.
          Bisher ist es immer auch so gegangen.
Sie schmeißen die Frauen aus den Werkstätten raus.
          Die sagen: »Mitgehangen, mitgefangen«,
          und greifen nach den Plänen, langen nach den Zangen,
die einen reagieren aggressiv und provokant,
die anderen behutsam, mit viel technischem Verstand;
andere gehn, die Lage zu besprechen,
andere, in die Rohstoffhallen einzubrechen.

Sie müssen sich ja erst mal hier orientieren,
und volkswirtschaftlich unterschiedlich ausgebildet
und teils emotional getrieben, zögern viele. Vieren
gelingt der Zugang zu den kalten Bieren.
Hilde hildet, Mathilde mathildet,
die anderen zwei suchen einen Flaschenöffner – böff, nett,
wie ein Ziegenkopf die Kohlkopfverschlüsse öffnet.
Dunja, Latosha, Hilde und Mathilde stoßen an
auf Heiligkeit, Respekt und was man sich noch denken kann.

»Wir müssen uns hier vorsichtig bewegen,
es scheint mir ein fragiles Biotop«,
sagt Dunja. »Dürfen keine Unruhe erregen,
uns den Abläufen ja nicht in die Quere legen,
es geht hier immerhin ums blanke Überleben.«
»Wir finden immer alles scheiße in Europ-
a, und hier ist sicher nur manches besser,
manches nur anders.« »Wir sind zusätzliche Esser,
müssen uns nützlich machen, nicht gleich alles reformieren,
gewohnt, alles mittels Wikipedia zu kapieren,

nur, können tun wirs trotzdem nicht.« »Die Zeit«,
sagt Latosha, »ist ziemlich anders hier.«
»Anders ist jedenfalls«, spuckt Mathilde, »das Bier.«
»Die Zeit ist knapp, der Horizont ist weit.«
»Was heißt das?« Es blicken die vier
sich an. Angst oder Zuversicht, ja gar Entzücken,
das Vorsicht dämpft. »Können wir hier leben?« »Rücken an Rücken
leben sie hier, viel Arbeit, viel Vergnügen, Nachdenken auch viel.«
»Arbeiten können wir. Denken erweitern sei das Ziel

in der Freizeit zunächst. Wir sind hier ja nicht mitbedacht;
leben müssen wir aber so wie sie.«
»Wer wir sind, ist noch gar nicht ausgemacht.«
»Bis jetzt hat uns noch keiner ausgelacht.«
»Mich schon.« »Wegen deinem kaputten Knie.
Hilde, du gehst so komisch, dass man eben lachen muss.
Es ist aber charmant.« »Mir macht es nur Verdruss.«
»Habt ihr denn schon gesehn Wisch-Blatt und Na- und Zy-Pressen?«,
fragt eine, die den Kopf hereinsteckt. »Gehn wir, Füße nässen!«

Ich seh sie gehn. Wonnekind hat nun sein Gebet beendet
und schließt das Fenster und kriecht aus mir raus.
Ich sehe, wie er mich als neue Art verwendet:
Ihm Aussicht ist mein zartes, großes Ende. T-
raumschluss. Ich bin jetzt Frau wieder und nicht mehr Haus.
Ja, potz Teufel, ich kenne mich jetzt aus!
Bei Tag bin ich nur ich, bei Nacht Hermes Wolpertinger.
Ich frage mich leise, als was bin ich wohl zärtlicher?
Egal, Wonne geht schrauben, und ich muss nun schauen,
dass ich mich nützlich machen kann. Wo sind jetzt diese Frauen?

Vorsichtig setze ich mich in Bewegung,
denn ganz hat es vorhin wohl nicht gestimmt,
derartige Schwarz-Weiß-, Tag-Nacht-Zuschreibung
stimmt nie. Man ist so ähnlich, wie man sich benimmt,
abzüglich des Widerstands der Begabung
der Sterne, bei Tag nie ganz wach, nicht völlig weg
bei Nacht. So hängt, scheint mir, ein Schatten um mich rum,
der an Gegenständen anstößt, wo ich, um
sie zu erreichen, auf eine Leiter steigen müsste. Ein Eck

des Dachs macht mir Phantomschmerz
hoch über meiner Schulter;
in den Palmfronden pulsiert mein Rhizomherz.
Immerhin bin ich munter
und helter skelter
wie auf Rollschuhen trägt es mich den kleinen Hügel runter
zum Hegelland'schen Hauptplatz, wo die Frauen rumhängen
und mit dem Finger zeigen, lachen oder müßig quengeln,
Immigranten halt, ohne Beziehungen, auf unsicheren Diäten.
Ihr Stil ist unlesbar, unentdeckt sind noch ihre Qualitäten.

Es stimmt, was Orama sagte, zu eng ist noch der Kanon
des Denkbaren, was Frauen
angeht. Man kann sie hauen,
begatten oder nur anschauen.
Doch wie lenk ich die Blicke auf vielfältigere Bahnen?
Ich lenke nicht, ich merke,
wie ich ja nur verstärke,
was in der Luft liegt, Zerrkleid
der Wirklichkeit, an der sie wie ein kleines Mädchen zerrt.
Mein Blick ist wild und merkt nicht, dass man mich anstarrt,
die ganze Zeit schon: Was ist nun mit dem Phantom
Hermes? Ich rutsche aus, falle wie ein Heißluftballon.

Sie kommen alle her und leisten Erste Hilfe.
Ich werde an fast allen Körperteilen
beatmet. Manche holen Bretter oder Schilfe,
um meine gerissenen Löcher schnell zu heilen,
doch möchten die Schwestern danach weiter verweilen,
das Ohr an meinen Windungen, den abgesägten Schultern,
dem Schwanz natürlich, aber auch am Bart und an den Wangen.
Ich habe keine Kontrolle mehr über meine Grenzen,
denn ich, das ist nicht das, was sie mit Mullbinden bekränzen.

»Schwestern –«, sag ich. Sie so: »Wir sind Vergleicherinnen.«
»Von was?«, frag ich. Sie so: »Von den Bereicherungen,
von unterschiedlichen Bereichen, mit hochspezialisierten Sinnen.
        Was besser ist, erkennen wir sofort.« »Ja, Lisbeth Wilson,
wenn die Bahn dort ist, wo du hinläufst, wirst du auch gewinnen,
doch wehe es gibt irgendwelche Abweichungen«,
        piepsen, in ihrer merkwürdigen Sprechart, die vier Ilsen.
Sie sind kosmetische Siamesinnen,
haben aber noch alle nötigen Organe drinnen.
»Was ist etwa mit euch«, frage ich, »wollt ihr auseinander
oder denkt ihr – darf ich ihr sagen? – etwa noch, es kann der
Fakt, dass ihr vier seid, besondere Perspektiven
ermöglichen?« »Wie damals, als wir mit olympischen Bobfahrern schliefen?«

Die Ilsen lachen und nehmen sich auseinander.
        »Wir sind ja nur ein patentiertes Stecksystem.«
Ich wende mich hilfreich an eine andere,
        die ein Kopftuch trägt und grad ihr Gesicht mit Creme
        einschmiert. »Würds dir nicht mit Befreiung besser gehn –
hopsa«, verschluck ich mich an meiner Rede, das erboste
Kräuseln der riesigen Brauen schüchtert mich ein,
ein Räuspern macht mir klar: Dieses Mädchen ist ein Matrose.
Ich erkenne den Bären vom ayurvedischen Kochverein.

Denn Wonne hat mir gestern in der Hütte
        die Bilder aller Bürger hier gezeigt,
gemalt von der Natur auf einer neuen Sorte Bütte,
        deren Vorzüge er mir zweifelnd vorgegeigt,
dass man darauf nur eine Lösung schütte,
        worauf sie sich im Abbild der Stimme erweicht,
die singt, was ihr im Sinn ist. So malen sie hier Portraits.
Ein hohes Maß an Erkenntnis bringt es, sie zu erkennen, stets,
denn nicht hilft dabei bloße Farb- und Form-Information,
die Ordnung, charakteristische Unordnung in Formation
des Augenblicks, zeigt den Portraitierten als ein Ion:

geladenen Bewohner eines der Tiefstapelhäuser,
        deren Atmosphäre ja anders ist
als in den Domizilen bürgerlicher Duckmäuser
        von Familienmenschen. An der Wand ersicht-
        lich ist, wer kochen muss, wer Boden wischt,
und zwar einmal im Mond, zu zweit, ganz Hegelland.
Das sind zwei Tiefstapler; vom Schraubenturm der Tellerrand,
die Bibliothek, die Kupferfabrik, die Handarbeitsarena, und dann den Strand
fegen, zuletzt, meist schon barfuß im Abendrot.
Das macht man unernst, zeichnet Muster, den Namen, was einem halt droht,
Bier in der Hand, oft sind es Algenzoten,
die die Pressen am nächsten Morgen drucken, worauf die Feger erröten.

»Habt ihr denn Wohnungen?«, frag ich. »Nur insofern wir uns vertragen
mit den Matrosen.« »Das wollte ich grade sagen,
Dörte, vergiss nicht, Liebe: durch den Magen!«
»Dann müsst ihr euch wohl in die Großkantine wagen«,
        scheint mir. »Das geht doch nicht, so kann man doch nicht kochen«,
        sagen zwei Ilsen. »Ich habe schon was gerochen,
von Osten kommend«, ruft die alte Pschibul mit dem großen Busen,
worauf drei Frauen losrennen, Esther, Dörte und Susan,
die andern schauen ihnen hinterher. »Ich würde lieber sägen«,
meint Katka, »die kümmern sich eh selber um ihre Mägen.«

»Sinnvoll wäre es, wenn wir uns erkundigten«, meint Cemile,
        »welche von den Bäumen wir fällen dürften,
um uns Quartiere zu bauen.« »Für uns auch solche Schlafsäle?
        Kollektives Schnarchen, getaktetes Lüften?
Oder nicht lieber lauter kleine Hütten für Einzelfälle?«,
fragt Esra skeptisch. »Dann kommen sie alle nur zu uns zum Schlafen.«
»Das wollen wir ja.« »Und lagern bei uns ihre privaten
Sachen, verbal auch, und so werden wir zu Hüterinnen
von Giftmüll.« »Nicht so pessimistisch, wo wir doch dadurch gewinnen

an Einfluss, sogar jeweils einen zwingenden.«
»Ich möchte ja fast sagen *swingenden*«,
ätzt Barbara, und die Ornithologin
runzelt die Stirn: »Machen wir doch nur einen
tempelartigen Raum, wo man für sich ist drin,
wir können es ruhig begründen mit etwas Urheiligem,
es gibt ja sonst genug Platz auch im Umraumhain
und für uns vorerst auch so ein Großdormitorium,
sonst igeln wir uns doch womöglich zu sehr ein.«

Während der Unterredung habe ich bemerkt, träge,
dass diese schwarzen, scharfen Igelstacheln
am Ende meines Schwanzes eine Kettensäge
darstellen, denn während ich still erwäge,
sie zu benutzen, fangen sie schon an zu rascheln.
Doch sie zu kontrollieren, ist diffizilere Kunst.
Mein Wille willt, und der Schwanz holpert: »Unzt. Unzt.«
Cemile, intuitiv und harmonisch, klettert in mich rein,
lenkt Willen und Schwanz und mich in diesen Urbuchenhain.

Und bis zum Abend sägen wir, reißen und messen
die Hüttenmaße von den sechsundzwanzig neuen Essern.
Dabei sind alle Frauen sehr patent.
Die Prothesen haben oft was an sich von Schweizer Messern,
fast jede hat ein Supertool in irgendeinem Gelenk.
Und Maßband kommt von Zooey, aus dem Zeigefinger ihrer linken Hand,
und um einen schweren Baumstamm zu tragen, packen die vier Ilsen an,
und mittags kamen ja tatsächlich alle Ziegen an
und nährten uns, und Fische und Feuer brachte ein Pelikan.

EINIGE

CONVERSATIONEN

13

Syrinx hört Stimmen und putzt ihre Klingen.
          Der Sand stumpft ab. Sie wickelt sie in Blätter,
Bananenblätter. Wie Bashō möchte sie singen,
so, dass die Dinge rund um sie erklingen
          wie eine Landschaft unter einem Wetter.
Pan Orama geht ihr nicht aus dem Kopf. Seine Verwegenheit
und Faul- und Feigheit. Das ist, denkt sie, die Gelegenheit,
um sämtliche Geschichten endgültig zu transzendieren.
Künstlich sein. Alles sein. Nichts sein. Wie bei den Tieren.

Sie dreht sich um: Orama schilt mit einer Ziege,
          die ihm folgt, blökend, zögernd, beißend.
Er auf dem Weg zu ihr, theoretisch gestärkt vom Ziegensiege,
          der allerdings weiter zu nah an ihm bleibt, glückverheißend
auf eine komplizierte Art, verlangsamend, dass er biege
die Regeln, was er sowieso tut, ihr zuliebe
allerdings ungern, da so inoffiziell. Und Hiebe
regnets. Die Ziege schnell beiseite, spießt
ihn am Popo auf, lässt ab, gibt ihm Morgengrieß.

»Hoi, Pan! Mahlzeit!« »Dich trifft man auch auf jeden –«,
          flucht Pan, verkutzend sich am Grieß.
»Wie kommst du her?« »Ähnlich wie du, denke ich, es sei denn,
du hast nen ordentlichen Job.« »Was hieltst du gestern Nacht für Reden?«
          Pan räuspert sich und lächelt. Er genießt
          Neugier von Damen aus Prinzip. »Wie Bullshit immer aus dir fließt!«,
bewundert ihn Syrinx, während er nachdenklich posiert.
»Vergiss es, ich wollte nur wissen, was dich hierher führt.«
»Mein Unstern …« »Du pathetischer Spion-Autodidakt!«
»Und dich?« »Man hat mir was von ›tough, mit Aufstiegschance‹ gesagt.

Ich kam ja in die Prothesen-Pin-up-Szene hinein –«
»Das weiß ich, da sind alle deine Freunde.«
»Und die neue Webseite mit dem 3D-Scan-Design
versprach den Kunden Beamen, das war alles ziemlich fein,
doch zu teuer, und irgendwelche Trolls, Verleumder,
behaupteten, die so vermittelten Beam-Hausbesuche
zögen unweigerlich nach sich organisierte Hauseinbrüche.
So fasste unsre Chefin einen neuen Plan: Wir stellen
den Markt selbst her. Sag, sind wir hier auf den Seychellen?«

»Vielleicht ja, vielleicht nein.« »Ey, du bist echt das Letzte.«
»Wenn ichs dir sagen würde, wär der Vorwurf, dass ich petzte.«
»Du weißt es gar nicht.« »Sicher! Ich bin GPS!«
»Ah ja. *They know where you are. And they know you are a mess.*«
»Wo ist denn dieser neue Freund hin, der dein Herz verletzte?«
»Geht dich nichts an.« »Ich wett, ich finde ihn.«
»Wo suchst du ihn?« »Na wo denn. Wo findet man Karma Kandisin?
Man findet ihn natürlich unterm Lockenwald der Kryptomerien.«
»Da kannst du lang suchen. Denn der Verein macht Ferien.«

Tatsächlich sucht Orama stundenlang nach den drei Herren
und findet sie schließlich, sich ausruhend, am Strand.
»Hehre Helden der Umwelt!« »Wir machen das gern,
setz dich zu uns.« »Mit Freude! Bin müde, und euer Strand ist fern
noch von Hegellands letzter Spur von Weichbildrand.
Warum?« »Wir sind Künstler. Es soll uns niemand stören,
wir müssen auf die Rythmen der Naturvorgänge hören.
Und wenn sich jemand doch einmal bis her zu uns bequemt,
wissen wir, der ist reinen Geists.« Oder bloß unverschämt,

denkt Orama und lässt sich, wie sie, halb im Sand vergraben.
»So ist es fein. Fühlst du an dir die Würmer nagen?«
»Noch nicht. Sagt mir doch bitte nochmal eure Namen.
Und vielleicht außerdem, woher sie jeweils kamen.«
»Ww– –warum sollen wir dir so viele Dinge sagen?«,
platzt es aus dem Chemiker raus mit seinem Sprachfehler.
»Lass ihn doch fragen, wir sind keine Sachverhehler«,
sagt Kandisin, »er soll unsere Seite
verteidigen. Wir brauchen eh viel mehr gescheite

Freunde wie dich«, trägt Karma Kandisin dick auf.
Sogar Orama wird dabei fast rot.
»Sie werfen uns Untätigkeit vor.« Der Kassier hat ein Nicken drauf,
wenn seine Nase ein Messer wäre in nem Karnickelbauch,
ginge davon in drei Sekunden das Karnickel drauf.
»Als Künstler lieber arbeiten als tot –
ich meine umgekehrt: Vor dem Arbeiten sterben!
Wir sind besonders und müssen uns nicht die Zeit erwerben,
es ist auch nicht Spaß, was wir machen, Sie verstehen,
wichtig für die Gemeinschaft: Wie die Winde wehen,

versteht keiner, aber sie schützen sich entschlossen und umfassend.
Ihre Goretexjacken sind grell, und ihr Blick ist kühn.
Sie sehn nicht viel in schmalen dunklen Gassen
und können die, die mehr sehn, nicht in Ruhe lassen.
Deshalb versuchen wir, mit Flügelschuhn
uns in den Baumwipfeln wie Vögel einzurichten.
Doch sie so: Keine Flügelschuhe für die untätigen Schichten!
Wir wollen Minoriten sein und mit den Tieren reden;
sie wollen weniger Künstler auf dieser Insel sehen;

versuchen, uns zu allgemeinen Arbeiten zu zwingen,
	was heißt zwingen, sie wollen, dass wir freiwillig
uns eine Nische suchen. Nur zu sehen und zu singen,
gilt nicht für sie. Doch da wir auf des Geistes Schwingen
	schon die Sonnenhymne schrieben, finden wir es nur billig,
dass sie auch unsere nächsten Projekte unterstützen.
Schon unsere Kampagne dürfte der Gemeinschaft nützen.
Es gibt Theater, Demonstration und neue Lieder,
wir zeigen uns: Die ›Freunde‹ sind immer auch Krieger.«

»Fantasielose!«, murmelt Pan Orama in den Sand.
	»Wie sieht ein Fremder das?«, fragt Benni, der Kassier.
»Unsicher, ob ich dich vorhin richtig verstand.«
»Nun ja«, sagt Pan, »man kann es so sehn oder and-
ers, dementsprechend auch gestaltet sich das Land.
	Ihr wollt ein schönes Land.« »Das wollen wir!«
»Ein Land, in dem kein Stumpfsinn aufkommt, nichts, was öd ist,
so viel Emanzipazion von der Technik wie möglich.«
»Du sagst es, Fremder! Und wie ist es denn bei dir so?«
»Ich bin Utopianer«, sagt Pan leise, »komm von nirgendwo.«

Sein Pathos nimmt den Atem den drei Schönheitskriegern,
	und sie erbitten Bruderschaft von Meister Pan,
	der, ohne Rückweg, sowieso nicht anders kann.
Der atmet Bruderschaft, wie Blut von Siegern
	getrunken wird: immer. Nicht: dann und wann.
Wie jede Sucht wars mal ein Mittel, zu vergessen
die Unzulänglichkeit, führte jedoch zu immer besseren
Ergebnissen. Oft hat Unfähigkeit, rein aus Verbrüderung,
die Nase vorn, in allem drin, und leitet die Vertüdelung

von großen Angelegenheiten, die viel schaden.
Die mit den Skrupeln sind halt nicht so schnell.
Während Quatscher quatschen, Salbader salbadern,
gehen die Skrupelvollen nachdenklich heiß baden.
Küssend und herzend liest indes Querelle,
der Chemiker, in Oramas Gedanken. »O, schau schau!«,
ruft er plötzlich: »Sein Hirn ist voll von einer Frau.«
»Welcher?«, fragt Karma schnell. »Sie heißt Syrinx und ist gefährlich.«
Karma stürzt auf Pans Hals: »Was hast du mit ihr los? Sei ehrlich!«

Er grinst aber, und das sieht Pan Oramas Blick.
Mehr als die Liebe grinst da Liebe zum Geschick,
wie es aus Fäden Schlaufen macht hintenherum.
Ja, so verharmlost schalkhaft, im Genick
der Nornen, die Welt das Assoziationszentrum.
»Deswegen bist du Künstler«, denkt Pan, »ängstlich bist du!
Vor jedem Hammer, jedem Nagel hast entsetzlich Schiss du!
In dieser Hinsicht bist du eben auch viel realistischer
als jeder Techniker; das macht dich langfristig stilsicherer.«

»Sie klammern sich an Arbeit, ihr euch an die Wahrnehmung«,
beginnt Orama, Hals in Hand, schon wieder zu dozieren.
Karma stopft seine Faust in Pan Oramas Mund.
»Lass ihn doch reden«, wahrt Querelle den Frieden.
Orama zählt seine Zähne, fährt fort mit seiner Darlegung:
»Es sind immerhin sechsundzwanzig Fremde neu im Land.
Sprecht sie doch an: Ihr habt es in der Hand.
Die Frauen können euch verstehen, nicht die Techniker;
erzeugt einen Konflikt, in dem sie bei euch sind, und ihr seid mehr.«

»Mal langsam, Pan Fantasma«, meldet vorsichtig Querelles Gewissen.
»Rätst du uns hier zu Massenpolitik?
Du weißt, wir sind knallharte Individualisten,
lassen uns nicht herab zu Machiavellismen.
Wer nicht ganz überzeugt ist, intressiert uns nicht.«
»Es handelt sich um sechsundzwanzig Leute, Freunde, wirklich!
Das fände jeder Bergdorfbürgermeister mickrig.«
»Und an was denkst du so für praktische Konflikte?«
»Zeit, Industriedesign und sprachliche Delikte.«

Das nun entflammt die drei Ästhetizisten.
Sie holen Ahl und Selleriepapier
und notieren an heißen Themen eine ganze Liste.
(Sie verwenden zur Notation ein Lochkartensystem.)
Es wirkt, als würden Wind und Wellen repetieren
die herrlichen Ideen zum Streit, die die drei Freunde bringen.
Geeignet, um auf Küchenstühlen Arien zu singen
der Wut über der Gatten ästhetisches Vollversagen,
die als ultimative Prunkstücke zu zeigen wagen
Sachen, die jedem Menschen mit Geschmack den Magen umdrehn.

Anderen fällt leichter wieder der Streit
über die ewig scheiternde Grobeinteilung der Zeit
und wie sie die Prioritäten spiegelt,
die immer falsch sind. Logiko-menschliche Schwäche zeigt,
wer bei Dingen, wo er nicht möchte, hängenbleibt.
Und alles Fiese ist in der Sprache verriegelt.
Wie das die Liebenden verwirrt und aufwiegelt,
stelln sich die neuen Freunde vor und lachen, mehr aus Übermut
denn aus Konspiration. »Was steht da?«, zeigt Orama auf den Hut
von Benni. Verlassen wir sie hier, einig in Zuneigungen.
Sehn wir derweil, wie Syrinx instruiert die Ziegenzungen.

14

»Ihr seid ja rauh und weich zugleich, könnt mit Disteln und Laugen«,
          preist Syrinx, und die Ziegen hören ziegenkritisch zu.
»Eure Alphabetisierung beginnt nicht bei den Augen,
weil bei Ziegen die Zungen viel deutlicher taugen,
          um zu agieren, zu verstehen, um das Jiu-Jitsu
der Sprache durchzuführen. Eure Sprache ist der Sellerie
und kleine Sukkulente, das Hirn die Destillerie,
in der aus Sellerie Information wird. Nur, zu welchem Zweck denn
braucht ihr, brauchen wir unser Können? Nur zum Meckern?«

»Komm bitte mal zur Sache, Baby«, meckert eine Ziege.
»Lass mir meine Rhetorik«, schnauzt Syrinx, »Mensch, kriege
          dich ein, Lady.« »Was will die Tarantino-Fotze
          mit ihrem Bein wie ne Delikatessenkerze?«
»Dass keine von euch mehr den Tricks von Orama erliege!
Was glaubt ihr, wie ich wohl meine Naturbeine verlor?
Glaubt ihr, dass ich am Himalaya bis zum Nabel erfror?«
Die Ziegen nicken. »Falsch, ganz falsch, Ziegen. Es war Orama.
Und nun, um auch eure Beine zu kriegen, hierher kam er.«

Die Ziegen rollen mit den Augen. Die hat keine Ahnung
von Ziegen. »Ich red hier mit euch, um euch zu warnen:
          Orama isst Paarhuferbein zum Frühstück!«
»Das klingt wie eine Headline aus der alten, lahmen
Na-Presse«, murmelt eine Ziege zu der andern.
          »Ich warne euch ganz ernst vor seinem Brustblick.«
»Brustblick?« Die Ziege vom Morgen, die Monaco, errötet.
»Was ist so schlimm an ihm?« »Er ist selbst niemand, tötet
unabsichtlich. Alles ist ihm egal, und dann rennt er davon,
und wenn du ihm im Guten etwas sagen willst, pennt er schon.«

»Das stimmt schon irgendwie«, sagt Monaco nachdenklich,
»wenn ich ihm Grieß gebe, geht er nicht tief, nur ich verrenk mich,
        das ist nicht richtig.«
»Siehst du, so macht er es immer. Er lenkt dich
        und macht sich wichtig.
Mehr ist es nicht, die Pan-Kritik, doch sollte sie genügen,
um euch zu überzeugen, wenigstens gut zu verhüten.
Wenn aber ihr genug von Pans Avancen, Bullshit und Quatsch habt,
tut mir einfach einen Gefallen, seid so gut und watscht ihn hübsch ab.

Mehr will ich nicht von euch. Möglichst wenig Kooperation.«
»Das müsste gehn«, sagt eine. Aufstehscharren. »Wars das schon?«
        »Das wars«, sagt Syrinx. »Zeigt ihr mir die Reben?«
»Okay«, sagt Monaco. »Wer bist du eigentlich? Ein Klon?«
        »So ähnlich. Ich habe dem Leben eine letzte Chance gegeben.
Um unsere Designerprothesen abzubezahlen,
mussten wir uns bei der Pin-up-Orga-Mama verschulden,
nun ist auch sie pleite, und wir suchen nach Mulden
des Wirtschaftslebens und mussten sehr schnell weg aus Sankt Gallen,

flohen also gestern gemeinsam durch das Internet.
        Es ist wie ein Schlepper, kein Mensch weiß aber,
wo man rauskommt. Das ist sogar fast nett,
ein Abenteuer quasi, wenn man nichts mehr zu verlieren hätt.
        Wir zahlen nichts; das Netz mit seinen Kabeln
        schaut, wo es uns rauswirft, um was davon zu haben:
Spekulation, Selbstregulation des Menschenmarkts.«
»Glaubst du das wirklich?« »Hat die keinen Marx
gelesen?« »Merkst du nicht, dass du in keiner Schuld stehst?
Dass niemand dich hindert, wenn du einfach aufstehst und gehst?«

»Doch, leider«, sagt Syrinx. »Meine Prothese ist verfunkt.
Der Designer wartet noch auf sein Geld. Mache ich Stunk,
kann er die Beine sich selbst zerstören lassen per Knopfdruck.
　　　　Und leider weiß ich nicht, ob er noch lebt,
sehr wohl aber, dass er uncool ist und so was nicht abhakt.
　　　　Das Risiko reicht, und ich bin bestrebt,
nichts zu tun, was auch nur so aussieht wie Rebellion.« »Das sagt
alles über euch Idioten«, sagt eine der Ziegen, die herausragt,
dünn, hager, weiß. »Ihr seid doch nicht besser, nur kleiner!«,
ruft Syrinx. Doch die Ziegen gehn schon fort, und somit hört es keiner.

15

Hilde, Mathilde, Dunja und Latosha
spielen mit der Na-Redaktion seit dem Nachmittag Boccia.
Die dritte Runde Cocktails steht schon auf den Ziert-
ischen, ratloses Schweigen füllt die kleine Loggia:
Das Internet – pleite – das deprimiert.
»Wir müssen diese Informationen drucken«, sagt Herr Heinrich,
»das Volk hat ein Recht darauf.« »Auch so deprimiert zu sein?«,
fragt Dunja. »Dunja, lass. Dein Sarkasmus ist hier unfein.« »Ich –«
»Über Verbannung Scherze machen, das ist wirklich peinlich«,

ermahnt sie Mathilde aus dem Arm von Herrn Schmidt.
»Woher kommt deine humorlose Etikette?«,
schnauzt Dunja, »Aus Nordwestrhein-Ostfalen, aus dem Zenit
der Empathie«, Latosha fuchtelt humoristisch mit
dem Strohhalm. Hilde kletzelt an der Rahmenecke
des Gruppenportraits als Damen der ganzen Na-Redaktion.
»Kennst du uns wieder?«, fragt gierig der Alabama-John.
Sie blättert mit den Augen in Rüschen, durchdringt die Schminke,
suchend nach Knochenbau. »Ich in dem kurzen Kleid, ich winke.«

Kichernd rutscht Hilde tiefer in Alabama-Johns Schoß.
»Das Internet ist pleite!«, heult Mathilde wieder los.
»Warum ist das so schlimm?
Versteh ich nicht.« »Mein Mann ist drin,
mit einer Investition: Zweitausend Gigolos,
und auf den Servern stehen alle meine Videos
von ihnen. Wenn die weg sind, haben wir gar nichts mehr, nichts.«
Sie schaut von Angesicht zu Angesicht, ob man nickt oder disst.
»Du bist nur zur Betreuung hier, du scheiß Verräterin!«
»Sie ist kein Mensch.« »Ich weiß, ihr denkt, dass ich nur die Geräte bin.

Nein, nein, ich spekulierte. Man muss das schon richtig machen.
Man muss, wenn man investiert, sich auskennen mit den Sachen,
vor allem aber immer nach dem Rechten schauen.
Die Heinis, die ihr Gut an andere verpachten,
kriegen nur halb so viel raus, weil die es versauen,
weil sie nicht motiviert sind, weil es nicht ihr eigenes ist.«
»Jetzt hör doch auf, Mathilde! Scheiß McCarthy-Ära-Mist.
Es zeigt eindeutig jede diesbezügliche Statistik
bei Eigen- und Fremdgut gleich günstiges Geschick.

Der Mensch will funktionieren. Das mit dem Besitz ist künstlich.
Obs seins ist oder nicht, der Mensch benutzt es gründlich.«
»Mathilde ist ja auch nur in ihr Tun verliebt,
das Mehren des Besitzes ist Vorwand, wenn auch so schwülstig
kein Schwein, das man piekt, quiekt.«
Latosha, unruhig, durchquert den Raum und kitzelt Hilde.
»Was ist mit dir? So ernst und konzentriert studierst du diese Gilde.
Hast du dich etwa in die Redaktion verliebt?« Hilde rollt
beiseite. Dunja wankt jäh vor. »K.o.-Tropfen!« »Versohlt

die Hintern ihnen! Raus hier!« Dunja stürzt die Treppe runter,
Latosha folgt. Mathilde grinst, Hilde rollt hinterher, ganz still.
Die drei liegen im Sand, auf einem Haufen, unter
der Na-Presse. Wind weht. Zehn Stunden werden sie nicht munter.
Die Na-Presse oben macht, was Mathilde will,
und druckt die irrsten »Insider-Fakten« über die Pleite.
Aufmerksam setzt die Nachrichten Herr Leitner,
der als Herr Fischer auch beim Wisch-Blatt tätig ist,
wo er seine feuchte Seite auslebt als Satirist.

DUNJA UND LATOSHA
VERLASSEN DIE NA-PRESSE

So bringt das Wisch-Blatt dann diverse Spekulationen
über Besitzer und ihre Privataffären,
verknüpft mit Phantasie die Daten mit Schablonen
des Dramas, Namen fallen, insinuiert werden Instrumentationen
und nebenbei sogar Erklärungen,
jedoch nur so weit, wie es nötig ist für Fischers frische
Witze. Wie immer redet Hegelland bei Tisch e-
rregt und vergnügt über das Wisch-Blatt. Immer heiter
beobachtet das Blühen seiner Harmonien Herr Leitner.

Dunja und Latosha aber, die wilden Freiheitsfreundinnen,
können sich über die richtigen Interpretationen
nicht einigen. Wohl sind sie beide überzeugt vom Unsinn,
den Mathilde diktiert, doch fließen in unterschiedliche Rinnen
in ihnen die Informationen.
Latosha weiß genau, dass CIA dahintersteckt,
Dunja sagt, das sind Vollkoffer.
In Wirklichkeit ist alles viel viel rougher.
»Nur leider ist man tot, wenn man die Nase hineinsteckt«,

erklärt Latosha den Mangel an Fakten.
»Du nimmst die USA zu wichtig«,
sagt Dunja. »Tu ich überhaupt nicht! Du bist wohl verknallt in
Putin, den vollgepumpten Nihilisten!« »Entschuldigt meine nackten
Beine!«, ruft Hilde, aufwachend, und giftig
spült über sie der Schwall der Wut der Ohnmacht der anderen.
»Wer hat dich denn erzogen, Prinzessin?« »Lass uns ein wenig wandern
zur Zy-Presse hinüber.« »Nicht schon wieder Redakteure!«
»Erlauben Sie, dass ich Sie bei Ihrer Gymnastik störe?«,

fragts hinter ihnen. »Sie sind ja doch neulich rausgeflogen –«
»Mit Kotzhand abgehauen«, korrigiert
Dunja. »Wie auch immer. Wären Sie der Idee gewogen,
ein Interview zu geben? Das wird heut noch abgezogen
und gegen nichts verteilt im sämtlichen Geviert
von Hegelland. Haben Sie vielleicht Ihrerseits Prognosen
und des verwirrenden, fernen Geschehens Diagnosen?«
»Ich werd mein Bestes tun«, fügt sich Latosha der Arbeit,
Dunja macht den Mund tonlos auf und wieder zu: Zu zweit

ist man als Redaktion des Wisch-Blatts hier;
der Zweite zieht Dunja, die sich energisch ziert,
zum Wisch-Blatt. Dort werden erst mal die Augen ihnen zukariert,
dann werden sie geschminkt und in Verfremdungslicht fotografiert,
mit Plüschkaninchen in den vier
träumenden Händen. Dann wird Dunja auf den Wortverdrehstuhl
mit Klettverschluss befestigt, dann beginnt das Fragen,
fünf Minuten komplettes Dadakreuzverhör. »Das war nur
die Einstimmung. Sag mal jetzt: Wie wirds sein in vierzehn Tagen?«

Latosha reichts. Sie reißt dem Wisch-Blatt-Mann das Mikrophon
aus seinem Gussaluminiumständer,
merkt, es ist eine holzgeschnitzte Attrappe ohne Funktion.
Mit schrecklichem Geräusch macht Dunja sich mitsamt dem Stuhl davon.
»Es ist nur Chaos! Und das wird sich niemals ändern!«,
brüllt Latosha in Richtung der Geranien-
fassade der Na-Presse und folgt ihrer Freundin,
die den Verdrehstuhl falsch bedient und kurz über dem Boden schwebt,
in einer eleganten Kurve Schwung holt und in den Kosmos abhebt.

16

Ich hab den ganzen Tag den Wonnekind begleitet.
Ich ging mit ihm über die Wiesen hin
im schrägen Morgenlicht entlang der Hauptelektroleitung
bis zur Bibliothek, wo eine alte Eselin
mit ihrer Leselust Wechselstrom zubereitet.
Sie liest mal Lyrik, mal Essays, mal technische Abhandlungen,
und die in ihrem Hirn dadurch entstehenden Verwandlungen
versorgen Hegelland stundenweise mit gutem Strom.
»Wo bleibt die Morgenpredigt, ha? Ich langweile mich schon!«,

beschwerte sich die Eselin bei mir und dem Begleiter.
Das Licht wurde, während sie stöhnte,
gefährlich hell. »Sie ist in Druck. Wir leiten sie gleich an dich weiter«,
sagte Wonne, kraulte die Ohren ihr, und als wir gingen, lieh er
ihr aus seiner Tasche seinen Liliput-Goethe.
»Sie braucht immer einen Hintergrund, um ihr Interesse
zu animieren. Geliehene Bücher leuchten besser,
wir machen also das Schriftliche rar, um ihr Begehren
nach dem, was sie dann liest, zwei- oder dreifach zu vermehren.

Ansonsten wirst du schon bemerkt haben, wie das Licht schwankt,
mal hell erglüht, mal fast versiegt, mal fehlt,
wenn sie, von Buchstaben beschwipst, zum Strullplatz wankt
oder die Disteln attackiert. Der Eselin verdankt
Hegelland nicht nur, dass es schön vermählt
Licht mit Musik – denn ist es nicht so, wie wenn man Klavier spielt,
wie das Licht flackert, stärkt sich, wieder geht?
Auch hat unseres Staats Verfassung sie geschrieben,
aufgegessen und zu Eselsäpfeln zerrieben.
Sie ist somit die Hüterin von allem, des Mysteriums;
die Schwimmblase, sozusagen, unseres Rechtssystems.

Ist einmal Streit, tragen wir ihn zu ihr.
            Und je nachdem, was sie zuletzt gelesen hat,
ist sie gegen den Kläger oder gar dafür,
ihn zu bestrafen weit über Gebühr.
            Manchmal gibt sie ihm aber wieder recht. Sodass der Staat
            eine Art Zufallsgenerator in der Mitte hat,
der eben nicht nur Strom abgibt, sondern dessen Wechselcharakter
als Risiko dem Wütenden zu denken gibt: Wagt er
die Klage, die so leicht ihm selbst zur Strafe werden kann?
Hitzköpfe und Dummköpfe tuns noch dann und wann.

Wer aber moralische Anliegen hat, kommt zu mir
            oder bittet so, dass ichs höre,
am Tempel. Und bald tönt es aus dem ehernen Erzieher:
»Ta plainte suffit. Va te coucher. Le vis va te guérir.«
            Und wenn man mich dann fragt, ich schwöre,
ich habe nichts damit zu tun.«
»Wenn das geht, ist das ziemlich schön.«
Die Eselin begann schon einzunicken,
das Licht ging aus, wir zogen weiter zu den Vogelkupferblattfabriken.

»Der Ursprung waren Wolkenkuckucksheime«,
            erklärte Wonne mir, ergreifend meine Hand
            und führend sie nach oben bis zum Rand
der nächsten Wolke. »Deren Silberscheine
– *there does a sable cloud*
turn forth her silver lining on the night,
sodass man schaut –
waren nicht aus Silber, sondern aus Zinn; mit etwas Arbeit
(*I perish in the blaze while I the blaze admire*)
hämmerten unsre Herzen dick und dumpf im Feuer
– ›*a copper!*‹, riefen *slavish officers of vengeance*
und krabbelten jenseits von Miltons Wendung ans
Ende. Wir wissen seither Zinn und Kupfer zu legieren
in der Hitze von Liebe und Angst, und mittels der schieren

Mächte des Morgens, welcher ja auch Winde macht,
erhitzten wir das kontrastive Erz
und hämmerten es mit Hämmern, vom Winde angefacht,
und in den Wolken, geschmeidig wie jener Wundernerz,
der Zobel, wurde Bronze, ganz so wie wirs uns gedacht.
Jedoch nicht sklavisch, sondern nur als Bronzevögel.
Die locken wir hinunter und verwirren sie,
verwickeln sie und binden sie mit unsren Ranken –« »Übel
ist das, Wonne!« »Verstrickte Vögel eben, schwirren sie

und lassen Federn. Später lassen wir sie wieder frei.
Jedoch gibt es manchen, der zu Komplettverwertung rät.
Mir scheint ratsamer, wir belassen es dabei.
Nach einmal Ausprobieren wäre es bereits zu spät,
dann überlegten wir, wo nun der Fehler sei,
logisch leidend unter des Kosmos Rache schon.
Wir wissen nicht, ob immer neue Vögel in Wolken entstehen
oder immer dieselben kommen, unsre Kitzelqualmusik gewohnt.
Und mag es die Fabriken manchmal ganz vom Himmel wehn,

sie tauchen wieder auf, wir wissen sie zu nutzen.
Wir müssen uns ja auch vor der Gehirnverholzung schützen,
die einträte, wenn alles gleich verlässlich bliebe.
So kommen wir zurecht, erklären uns mit Witzen,
was die Natur im Ernst schon gern in unsre Seelen schriebe.«
»Nicht Mensch seid ihr, nicht Tier, nicht Pflanze«, wundre ich
mich, »zu wenig bescheuert, zu mobil, zu wunderlich.«
»Die Federn singen wir zum Teil zu Schrauben. Stapelfehler
festigen die Freundschaft unter den Mischkristallen;
bei Federn bleiben die Schichten noch parallel und regeln
mit Unterschieden die Richtung, wie die Spannungen fallen.«

»Du nutzt wieder Gesellschaftsmetaphorik«,
bemerke ich, Zeit schindend; um aus Ahnungen
Theorien zu formen, alle die Verzahnungen
zu erkennen an ihrer Bilder Einschalungen.
»Lass mich alleine, ich verfalle jetzt in Melancholik«,
bitte ich. Wonne trollt sich. Ich spüre den unterirdischen
Neigungen meiner Interhoden nach
und rate, wo demnach
als Nächstes ein Problem beginnen wird, sich aufzutischen.

Alles, was anders ist als Wonnekind, scheint mir
– jedoch mag ich parteiisch sein –, wird problematischer:
Sein Ahnen wird dann Mystik, seine Demut Dummheit,
was Hingabe war, Fleiß, das Schweigen dumm und breit,
da Praxis zum Prinzip wird, um sich zwischen dir und mir
zu übertragen; wie ein Virus sich verpackt
in kristalline Herrlich- und Unüberwindlichkeit,
so wird alles, was er tut, reproduziert in Unendlichkeit,
zum Fehler, selbst wenns ursprünglich ja gut gedacht.

Und nun wird das behäbige Gutdünken der Matrosen
durch diese fremden Frauen etwas aufgescheucht.
Was sie zuvor nur taten, müssen sie jetzt überzeugt
vertreten. Was nicht geht. Und sie erscheinen als die bloßen
Vollstrecker von etwas, das sich dem Zufall beugt
in erster Linie. Werden sie aber auch nur ein wenig
bewusster, entschiedener, kognitiver,
kippt es das Träumen, Tasten; immer schiefer
rutscht Dänemark, und jeder weiß: Es muss gehn, doch es geht nicht.

17

Von Zynikern umzangt, wie eine Nachtigall
in einer Astgabel, liegt Barbara, der Nerd.
Philosophiert verschwitzt über den Overall
des schweigsameren Redakteurs
der Zy-Presse. Ihres ästhetischen Verhörs
Ergebnis sind ein langer Kuss und die noch längere Erörterung
des Potentials davon und der furchtbar verstörenden
Einengungen der Sicht, wie ja bei jedem hellen Anlass
auch der Pupille. »Verkleinert sie sich, geht es vorbei.« »Nun lass

die Hand doch los.« »Was macht sie dann?« Sie wandert.
»Erkennt sie was, ist sie sofort woanders,
und weiß sie nichts, so bleibt sie da und sieht,
wie sich ihr nächster Umkreis so verwandelt,
dass sich ihr Kennen auf was anderes bezieht.
So fließt die Wahrnehmung nicht wie ein Fluss, mehr wie Maschinerie.«
»Was hilft das?« Kolja fasst Füße. »Ist doch nur Theorie,
das zu sagen. Man muss diese Erfahrung in sein Denken speisen,
damit dieses implementiert ein ganz natürliches Entgleisen

in Moden und Arten. So skizzieren wir immer neue
Vorstellungen davon, wie alles gehen könnte.
Natürlich geht es nicht so; eine scheue
Brut sind Projekte, Schaum vor den hohen Fluten der Reue,
doch schaumgeboren-anmutig – ex fonte
magnitudo, Halluzination –« »Auf Reue wartet ihr
die ganze Zeit, mit euren Dackeln? Schreckliche, was haltet ihr
für kluge Werkzeuge in den Fingern, und um die Münder Schaum!«
»Wir wollen, was nicht ist. Was schon mal war, ist Traum.«

»Und trotzdem macht ihr das, die geilen Geräte und Sachen?«
        »So geht es jeden Tag zirka dahin.«
»Ihr tollen Mechatroniker!« Barbara fasst auch Fuß, und alle müssen lachen.
»Muss ich wohl eure Realismustheorien entfachen?
        Ich mein, er vögelt dich, du vögelst ihn,
und nie denkt ihr, das wärs jetzt, sondern wartet auf den Drucktermin,
der wieder richtet sich nach Mond, Tintenfischfang und Sonne,
von denen ihr abstrakte Vorstellungen –« »Unser Wonne
lehrt, konkret sind nur Formeln, Grammatik und Melodien.«

Der blonde Redakteur fährt sich durchs Haar und steht auf.
        Das ist der vorhin bereits aufgefallene
geschwätzige Denker. »Ihr taucht hier einfach plötzlich – baff! –
auf und geht nicht mehr weg. Als wären wir getauft
        von Kolonialisten –« Das erschallende
Signal zur Suppe unterbricht die Seelenunterbreitung.
Das Signal hört nicht auf. Ein Code pfeift plötzlich durch die Leitung.
Overall liest und knipst leise den zweiten Träger zu,
blickt alle an. »Parteileitung in Not! Drüben in Neu-Peru.«

Man zieht sich an und greift verwirrt zu nie benutzten Waffen.
        Obwohl es nicht gesagt wird, ist jedem bekannt:
Wonnekinds Nabel ist das einzige Parteiorgan. Flatternd klaffen
Banner, Kostüme, keiner weiß, wie dieser Kampf beschaffen
        sein könnte. Barbara ist losgerannt.
Sie kommt zurück und sagt, dass eine Lasershow
östlich von ihnen Sand, Bäume und den Himmel erhellt.
»Neu-Peru tauften die Kryptofreunde Neu-Oper oder so.
Sie singen Unsinn und haben alle dorthin bestellt.«

»Woher weißt dus?« »Neutrale Beobachterinnen.
Die Not ist wohl auch ein bisschen ein Gram.
Wonne sieht seine feine Umsicht, von acht Turboschwingen
zertrampelt, im saugfähigen Vulkanboden verrinnen.
Er will die Wahrheit, welche plötzlich unliebsam,
zu ihrem Schutz vergraben. Er wird fortan schweigen,
während die ›Freunde‹ ihre Zwitscherarien verbreiten,
und warten, bis Probleme die Arien sprengen,
und mit der Wahrheit dann schweigend allen den Fluff wegsengen.«

Sie scheppern rennend los mit Waffenklirren,
und in den Köpfen Zweifel, dumpfe Wirren.
»Wir schauen mal, was abgeht, reagieren«,
beschließt, unausgesprochen, einig unter ihnen
die Situation. Das sei im Sinn von Wonnekind.
»Wer in die Sonne sieht, wird von der Sonne blind,
achtet also auf den Boden, auf Spuren und Details«,
ruft Kolja. »Warum hier links rum?«, fragt jemand. »Weils
ein Umweg ist. Wir schleichen uns aus dem Gestrüpp heran,
weil den, der es auf seiner Seite hat, man nicht leicht überrumpeln kann.«

Sie stecken sich Gestrüpp noch auf die Helme,
unter die Achseln, ja tarnen sogar die Waffen.
Sie halten sich für durchtriebene Schelme,
erscheinen aber durchs Gebüsch als alte Affen,
nicht sehr gefährlich. So, als Gruppe, werden sie nichts schaffen.
Man hat sie hier tatsächlich zu bald unterbrochen
beim Kennenlernen, ganz als hätte dieser Pan gerochen,
dass Tempo jetzt am effektivsten ist, um Chaos zu säen,
Blödsinn und Eigensinn zu schüren. Der Rest wird von selbst geschehen.

18

Ein merkwürdiges Schauspiel tagt unter den Bäumen.
        Eine naivere Version von allem
reizt, keiner will ein Wort versäumen.
Textzeilen, simpel, süß, wie Degen in geschlossnen Räumen,
        zu feuchten Trip-Hop-Cembali erschallen.
Kandisin singt Falsett in Terzen mit Orama,
und große Gesten machen, stumm, umtost von viel Gelaber,
Querelle und Benni, in neuem Papiergewand mit Sprüchen:
»Zurück zu der Natur, mit Pauken und Gerüchen!«

Aroma-Aria heißt das nächste Stück, und Orama
spielt darin ein in seinen Herrn verliebtes Lama.
        Benni erscheint als Engel der Erkenntnis,
        erklärend, dass jedwede Ordnung Schändung ist.
Das Lama blökt und masturbiert und emigriert nach Ghana;
der Herr, gespielt von Karma, weint lange und bitterlich,
denn wie sich nun herausstellt, weiß er nicht,
wie sein, wenn niemand an ihn glaubt; die Ordnung bricht zusammen.
Doch im großen Finalchoral bringt ihm Querelle die Samen

des Unbestimmten Wachstums, und die pflanzt er ihm ins Ohr.
»Ahi! Es ist real geworden, was ich doch zuvor
        nur dachte!« »Hoch leben die Kryptomerien und Frauen!«
        Man sieht alle vier sich nach Beifall von Frauen umschauen.
Tatsächlich fliegen ihnen Frauenherzen zu, ein Rohr,
ein paar Tomaten, viele Unterhosen und ein Büstenhalter –
der langgehütete Schatz vom technischen Zeichner Walter!
Alle sehnen sich, wies scheint, nach Simplifizierungen
und Verschwinden der Arbeit. Jetzt wird Bier besungen.

NEO-OPER IN NEU-PERU

Die Kryptomerienfreunde sind halt einfach besser!
Der Overall kaut, alles überdenkend, seine Lippe.
»Wenn die noch ein Lied singen, kriegen sie eins auf die Fresse«,
murmelt er. Fühlt sofort an seiner Taille ein Messer.
»Dass ich nicht stärker zun Koloraturen wippe«,
raunt Stefan, der unendliche Na-Pressen-Praktikant.
»Ab jetzt regiert im Zeichen der Japan-Zeder mit Frauenhand
das Bessere. Nur Terzen mehr im überschönen Hegelland.
Und wer dagegen redet, wird verurteilt als ein Dissertant.«

»Du meinst wohl Dissident«, sagt Barbara. »Richtig erkannt«,
grinst frech Stefan, kneift ihren Busen und kriegt Arschtritt.
»Das wars. Du bist zur Dunkelziffersklavin ab sofort ernannt.«
»Sagt wer?« »Sagt die Natur, und das sind wir, Madame.« »Verdammt!«,
ruft Barbara und ergreift das Messer, das ihr tief einschneidet.
»Ich nehm Gerinnungshemmer und verblute daher jetzt.« Verscheidet.
Sie wird am Ort der Oper andächtig verscharrt, mit
der nachdenklichen Redaktion der Zy-Presse, die Zweige knicken
in den nervösen Fingern, Buchstaben am Boden, keine wahren
Erleuchter, sehend Licht in Zweigen wie Finger in Haaren.
Sie denken: Die können mir nichts erzählen. Götternicken
sieht anders aus.

Die Tage rennen, werden Wochen, ähneln Jahren.
Die Trauer treibt die Leute häufig an den Strand,
wo die Dackel, unnütz geworden, verfetten und haaren.
Wie eine Ruine ragt die Zy-Presse, wie ein Tand
vergangner Zeit, schon in die Luft. An den Rand
des Strands geht Kolja, schweigend, Hand in Hand
mit dem geschwätzigen Zy-Redakteur, den niemals jemand fragte
nach seinem Namen, aus Angst, dass, wenn man das wagte,
der Redestrom unendlich würde – damals war es ja egal,
im Kreis der fünfundzwanzig kannte man sich nonverbal.

Man lebt weiter, indessen ist keiner sich sicher,
    ob es nicht wirklich besser ist, so locker.
Die Schrauben nur mehr albern – mit Gekicher
wird grell entweiht und lilienbepflanzt der Speicher,
    der lange Weg entfällt. Ein jeder wird jetzt Zocker,
denn eine blumige neue Version von Poker
läuft immer, wenn man zum Strand runterkommt,
und da niemand die ganze Zeit dabei ist, bekommt
niemand alle Regeln mit. Es gibt immer einen Joker

für den, der einen guten Witz am Rollen hat,
    das heißt witzig nach dem Geschmack der ersten,
denen der neue Stil besonders schnell gefallen hat.
Man weiß bald ganz genau, was man zu lallen hat,
    um noch ein Bier zu kriegen aus den Resten
des Vorjahresvorrats. Wer aber keins mehr kriegt,
der muss arbeiten. Das geht aber nicht flüssig.
Einsam, verkatert und beleidigt geht man lieber müßig.
Oder kommt auf die weitaus intressantere Idee, ins Internet
zu gehen, um zu holen, was in Hegelland grad fehlt.
Und so sieht man bald prächtige Paläste entstehen, und brennen,
wenn jemand lustig war, und ständig Internetflüchtige rennen
und hinter ihnen die Inkassofirmenhunde bellen.

Durch diese Öffnung scheint das Meer zu schwinden,
    als wär es Zeit.
In Reichweite von allem engt sich unser Himmel,
    als sähe man nicht richtig, seit
Fiktion und Kunden überholten Wonnekinds Erfinden,
ununterscheidbar, nur unerbittlicher als real:
wörtlich, wie auch die Welt immer bloß war, was sie halt war.
Wörter sind Wörter, Welt ist Welt – »Und wir sind wir«,
grinst zwischen den Zy-Tristen Stefan, »und sind jetzt die Chefs hier.«

19

Wonnekind weint den ganzen Tag
		und wiegt im Internet sich ein,
und wenn zu ihm ein Wort ich wag
und etwas von Behelfen sag,
		schlägt er um sich und wimmert »Nein«.
Sein ganzes Werk ist überfahren
von Kryptomerienvereinsgebaren,
während er weiß: Das, was sie sind,
ist alles seines Geistes Kind.

Es lebt, was er zu denken nicht
		erlaubt sich, blüht und singt und kräht,
		und alles, was dem widersteht,
ist fad und welkt in absurdem Verzicht.
Indessen übernimmt Syrinx die Abendschicht:
Die ganze Presse ist ab jetzt ein Abendblatt,
vereinigt im schwülen Ahnen, schon satt
und blöder, als sie je zuvor gewesen.
Orama hängt herum am alten Weststrandtresen,

unzufrieden, der einzige Intelligenzler plötzlich.
		Da seine Pläne endlich einmal wirklich laufen,
findet er sie nicht im Geringsten mehr ergötzlich
		und will eigentlich nur mehr saufen.
		»Orama«, sag ich, »gehst du unter wie die Staufen,
nur in Tagen statt Generationen? Wird dein Erbe
das Tempo sein, das später niemand mehr kapiert,
wie die Musik weniger Tage, rufend: O Strebe! / O Sterbe?
Zum Lebensantrieb trommelt ständig alles und gebiert

ein wildes, geiles Tanzen, jeder Puls voller Erkenntnis,
die mitzuteilen dank des vagen Willens gut gelingt.
Was hat es mit fixen Ideen für Bewandtnis?
Wenn Wirklichkeit überholt jedes Intentionsbekenntnis,
und weiser, als sie selbst ist, jede letzte Ziege singt?
Es gibt keiner mehr Grieß, fällt mir auf.« »Und keiner vermisst es,
vorerst. Sie sind voller Natur, euphorisch.« Ich versteh,
bespreche mich mit Nina, Querelle und Trismegistos;
wir speisen Internet in das Labor – heraus kommt eine neue Art von LSD.

»Das müsste diese durchgedrehten Typen erden«,
sag ich zu Nina und Querelle im Morgengrauen,
als sie mit spitzen Augen aus dem Penisfenster schauen,
»es muss die kulturelle Hysterie zu etwas werden,
was nicht ist.« »Ständig dieses müßige Herumkalauern«,
murmelt Querelle und will schon mit den Plättchen los.
»Halb Chemie, halb SD-Karte – das funkt!« In meinem Schoß
kichert beinlos Nina. Sie weiß, sie ist Ersatz für irgendwas,
was ich ihr nicht sage. Um ihre Augäpfel aus Glas

flattern riesige Wimpern, Schmetterlingen gleich,
während sie die mikroskopischen Teilreste zusammenkehrt,
die übrig blieben im Zusammenbaubereich
der Speicherkarten. »Mein Gott, wie *erfindungsreich*!«,
bewundert ihre Art Querelle, der sich andauernd wehrt
gegen die Euphorie, zur Melodie der Tat ein Kontrapunkt.
Doch nein – nicht Querelle, Karma Kandisin steht jetzt an meiner Schwelle
und schlägt Querelle ohnmächtig mit der hintren Antriebswelle
meiner Linksachse. Ich erschaudere, erkennend jetzt,
dass ich nicht mehr zurückkann, hermisch ende, immobil, verletzt.

Ich lern: Das Internet, das waren immer meine Hoden,
und meine Leere innen – nicht ausschließlich gut.
Alles, was da war, ist als Spur geblieben.
Von allem informiert, spucke ich laufend Proben
als Lochkarten, Gedichte oder Episoden,
die sich singen lassen von aller Meere wilder Flut,
wo Informationen aneinander sich zerreiben.
Und alles reimt sich noch im Fließen, überstürzt
die Zweifel – überfordert jedoch die Parteileitung.
So bleiben meine Karten ungedeckt, und Wonne zweifelt,
wenn er aufblickt vom Elend – immerhin, es würzt

jedes Gedicht von mir die Schwere freien Falls.
Wonne, verstandlos, winkt kindlich *baba*
seinem klugen, naiven Reich im Rave. Besiegt ist alles
durch mehr Naivität. »Krallt etwas dich, Baby, dann krall es
zurück!«, spricht es: Die tote Barbara
erscheint im Türrahmen mit tausend Vögeln auf den Schultern.
Sie sterben, und dabei singen sie voller Drastik:
»Der Tanz verflacht! Wir verlieren Verständnis der Kulturen!
Verzückung! Krampf!« Ich erfinde rasant das Anti-Plastik.

Es handelt sich dabei um nichts als nur Verzögerung.
Es ist also ein reines Zeitpatent.
Ein schnelles: Bis du Zeit zu zweifeln hast, ist das Manöver um.
Jedes Gefäß erfährt unmäßige Verzögerung
und sprengt durch Schwellung alles Fundament.
Ich merke, ich verwerf-verflecht, was mich zusammenhält,
ein jeder Vers schwillt an, da hohl, enthaltend zwar die ganze Welt,
doch nicht verdoppelt, sondern wie außen, gänzlich dieselbe,
mein Schwellen ist Rotieren, schneller, schneller, schneller,

es flattern meine Lider, und starrend aufs O als Kreis,
warte ich wohl die ganze Nacht schon auf die Sonne.
Tau hat genässt die Lexika, sie sind ganz schwer und rosaweiß.
Mein Schwanz ist wieder Klitoris, und nirgendwo ist Wonne.
Ich rieche Sellerie, Nacktschneckenschleim und meinen Schweiß.
Das Rad im O, das O im Rad, die Idee in den Stauben,
versuche ich, so was wie Sinn aus der Situation zu klauben.
Lesen ist Rädern. Ich dreh durch, rutsche, bin noch Linien mit den Fingern,
und langsam, wie das Licht aufsteigt, beginnt der Text zu singen:

Seeleim, Seelenachse, Seelenbäder (ohne Gelän-
der), Seelenblindheit, Seelenheilkunde (ja, siehe Säufer),
Seelenholz, Seelenkultus, Seelenmesse (Requiem),
Seelenlehre, Seelenstörungen und Seelenverkäufer,
Seelenwand, Seeley, Seelenwanderung (Metem-
psychosis), Seelige Fräulein; Seeliger, Hugo, Astronom;
Seelilien, Seelisberg, Seelmann (*Namelos und Valentin*
hieß, ungefähr, ein nicht ganz frühes Stück von ihm),
Seelohe, Seelos, Seelöß, Seelow, Seelowitz und Seem.

(die Abkürzung von Seemann, nicht Englisch für »schiene«),
Seelsorge, Seerosen und Seerosengewächse,
Seerotkehlchen (Seetaucher), Seeroutine,
Seerücken, Seerüßling (Brasse, nein, keine Echse),
Sées (4272 Einwohner) und Seesäugetiere
(Wale), Seesalz, Seeschaf, Seescheiden, Seeschiffahrt,
Seeschildkröten, Seeschlacht, Seeschlange (schlank und hart),
Seeschmetterling, Seeschnepfe, Seeschule, Seeschwalbe,
Seeschwalm, Seesen, Seesker Höhe (Heimat einem Kalbe),

Seesoldaten, Seespecht,
Seespinnen, Seestaatsrecht,
            Seestadtl, Seestationen und Seesterne,
Seestichling, Seestraßenordnung (das ist Seestraßenrecht),
            Seestücke, Seetaktik, Seetang (wohl zum Behang der Sterne),
Seetaube, Seetaucher (Urinator), Seetaufe und Seeteufel,
Seetönnchen, Seetransportvertrag, Seetraube, Seetrift (etwa Eumel),
Seetruppen, seetüchtig, Seetulpe (ist: Meereichel),
Seetzen, Ulrich Jasper, ein Jeverer Reisender (Fleischer

und Kruse haben sein Tagebuch dann herausgegeben),
            Seeuhr (Längenuhr), Seeverschollenheit
            (siehe, schreibt Meyer sanft, Verschollenheit),
die Seeversicherung (wird man niemals erleben),
Seevölkerrecht, Seewalzen, Seewarte, Seewen,
Seewechsel, Seewehr, Seewein, Seewenkalke, Seewenmergel,
Seewiesen (der Sargassosee), Seewind (kommt *vom* See her, gell?),
Seewis (Prätigau; abgebrannt), Seewolf, Seewurf, Seezeichen,
Seezeremoniell, Seezunge. Klapp das Buch zu und entweiche.

ENDE

Inhalt

Intelligentia

Что делать? = *Was tun?*, S. 11: Titel der 1902 erschienenen und nach dem Roman von Nikolai Gawrilowitsch Tschernyschewski benannten Schrift Lenins, in der er bestätigt, dass das Dispositiv des Sozialismus nicht direkt und automatisch aus der globalökonomischen Entwicklung erwächst, sondern der Gedankenarbeit und des Austauschs zwischen den Klassen bedarf.

Трудно быть богом = *Es ist schwer, ein Gott zu sein*, S. 77: Titel des 1964 erschienenen Romans von Arkadi und Boris Strugatzki.

Übersetzung des »georgischen« Texts auf der Titelseite der Zy-Presse, S. 85: »Strukturalismus heißt, nach Jakobson, Phänomene als ein strukturiertes Ganzes zu betrachten und die statischen oder dynamischen Gesetze dieses Systems freizulegen. (Pichler 1991, S. 101) Somit schließt er an Husserls Ansichten über die Phänomenologie der Sprache an. In seinen Werken bezieht sich Jakobson auch oftmals.« Der Text entstammt dem großen offenen Lexikon im Internet und wurde durch einen gebrauchsfreien Online-Übersetzungsroboter ins »Georgische« übertragen.

Die Seite drei der Zy-Presse (S. 87) zeigt ein Tokamak.

Bei der Kupfergewinnung (S. 149) wurden Zeilen aus John Miltons *Comus* und Samuel Taylor Coleridges *The Nose* verwendet.

Mit seiner Verbindung von Poesie und Wissenschaft, Reiseroman und ethnologischer Reflexion nimmt dieses Buch eine einzigartige Stellung im Werk von Claude Lévi-Srauss und in der ethnologischen Literatur insgesamt ein. »Traurige Tropen« meint das Aussterben der »primitiven« Kulturen in ihrer Konfrontation mit dem zivilisatorischen sogenannten »Fortschritt«, mit seiner imperialistischen Zerstörungswut und seinen Krankheiten – in diesem Falle das Aussterben der Indianervölker im Mato Grosso (Brasilien). Seine Reflexionen sind nichts weniger als eine Theorie des Verhältnisses von subjektiver Erfahrung und der Möglichkeit objektiver Wissenschaft, von ethnographischer Erfahrung und ethnologischer Modellstruktur sowie von Betrachtung der fremden und politischer Veränderung der eigenen Gesellschaft – eine Grundlegung der strukturalistischen Sozialanthropologie. Eingebettet sind diese theoretischen Überlegungen nicht nur in einen Vergleich zwischen der Kultur der Urbewohner Brasiliens und der Kultur ihrer Kolonialherren, sondern auch in einen universalen Kulturvergleich zwischen Buddhismus, Islam und Christentum.

Übersetzt von Eva Moldenhauer. Mit einem Bildteil.
stw 240. 424 Seiten

Am 90. Geburtstag Brechts 1988 begonnen, an seinem 100. Geburtstag 1998 abgeschlossen und im Jahr 2000 mit dem Registerband vervollständigt, erschienen Brechts Werke als »Große kommentierte Berliner und Frankfurter Ausgabe« in 30 Bänden (33 Teilbänden). Sie enthält und erläutert alle Erstdrucke oder frühen Fassungen, gegebenenfalls auch mehrere Fassungen eines Textes (z. B. die drei Fassungen des *Leben des Galilei*).

Gebunden, Leinen

Eine Auswahl aus den Werken versammelt zum 100. Geburtstag Brechts im Jubiläumsjahr 1998 die Ausgewählten Werke in sechs Bänden.

Band 1: Stücke 1
Band 2: Stücke 2
Band 3: Gedichte 1
Band 4: Gedichte 2
Band 5: Prosa
Band 6: Schriften

st 3732. 4000 Seiten

Die in den frühen vierziger Jahren geschriebenen Dialoge der *Flüchtlingsgespräche* handeln vom Alltag der aus Deutschland Vertriebenen, vertreten durch den Intellektuellen Ziffel und den Arbeiter Kalle, die sich im Restaurant des Hauptbahnhofs von Helsinki über die internationale Lage (deutsche Truppen haben Dänemark und Norwegen besetzt und rücken in Frankreich vor) und die eigene Situation unterhalten: »Der Paß ist der edelste Teil von einem Menschen.«

Erweiterte Ausgabe. st 3129. 152 Seiten

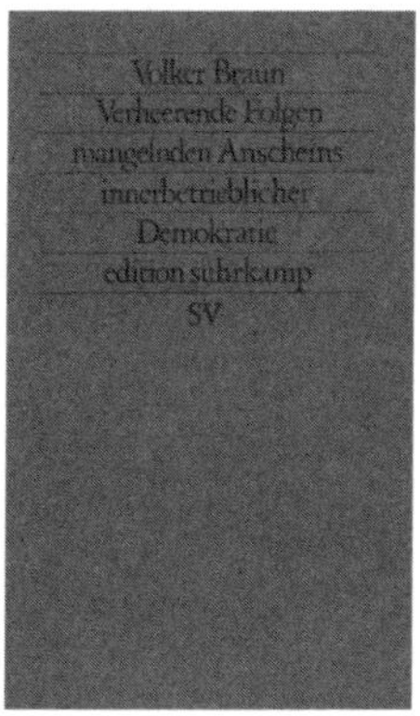

Volker Braun drängten sich genügend Anlässe auf, Stellung zu beziehen in »Schriften«, die selbstverständlich Streitschriften sind. Gegebene Anlässe sind etwa die Rüstung, das Waldsterben, die »innerbetriebliche« Demokratie, aber auch die »heutige Kopfarbeit«, der Stand der Aufklärung.

es 1437. 157 Seiten

42 Tage lang, im Mai und Juni 1945, war das erzgebirgische Schwarzenberg *unbesetztes* Gebiet. Die Einwohner, die Flüchtlinge, Ostarbeiter und marodierende Soldaten fanden sich unverhofft im Niemandsland. Niemand war zuständig für sie, wer würde sie versorgen? Es begann eine herrschaftslose Zeit, nämlich ein großes »Durchenanner«; und das hieß für die einen ein banges Warten und für die anderen, wenigeren, ein »unverschämtes Beginnen«. Denn wenn man sie vergessen hatte, mußten sie sich auf sich selbst besinnen. Das ist eine Geschichte wie aus Hebels Kalender, und keine Person, keine Handlung ist erfunden, sie will ihre Kraft, ihre Rührung aus dem Wirklichen ziehen. – Ein Anhang enthält Erkundungen, Grabungen im schwarzen Berg; und wieder spricht das Massiv: Seht, wie ihr weiterkommt. Vor Ort, im Dunkeln, bewährt sich der Satz des Autors: »Jetzt bin ich in der Geschichte, und eine andere Frage stellt sie nicht, auch wenn sie vorbei ist; vorbei und verloren ist, und man sieht nun, was wahr war und was nicht war. Denn es ist jetzt mein eignes Gebiet, das unbesetzt ist, von den Truppen der Doktrin und des Glaubens, und nur Hoffnung vielleicht siedelt, die uns betrügt und weiterträgt.«

Gebunden. 132 Seiten

Im Spiegel eines fremden Planeten bilden die Autoren recht irdische Verhältnisse ab und erörtern Probleme der historischen Verantwortung, der Einmischung oder Nichteinmischung.

Aus dem Russischen von Erika Pietraß.
st 1946. 352 Seiten

Dieser Band der Reihe *Suhrkamp Studienbibliothek* (stb) bietet Marx' *Der achtzehnte Brumaire des Louis Bonaparte* in einer sorgfältig edierten, detailliert kommentierten und kompetent interpretierten Neuausgabe. In höchst lesbarer und informativer Weise erschließt der Kommentar von Hauke Brunkhorst den historischen wie theoretischen Horizont des Werkes. Alle erforderlichen Informationen werden in kompakter und übersichtlicher Weise gebündelt. Der Band eignet sich daher nicht nur als erste Orientierung für Theorieeinsteiger, sondern stellt auch eine ideale Grundlage für Lektürekurse an Schule und Universität dar.

Kommentar von Hauke Brunkhorst. stb 3. 329 Seiten